赤ちゃんも
ママもうれしい

とりわけごはん

熊谷しのぶ

北海道新聞社

テーブルの上が
ぐちゃぐちゃ。
食べることに
飽きたのかな？

顔のまわりが
ぐちゃぐちゃ。
ちゃんとお口の中に
入ってる？

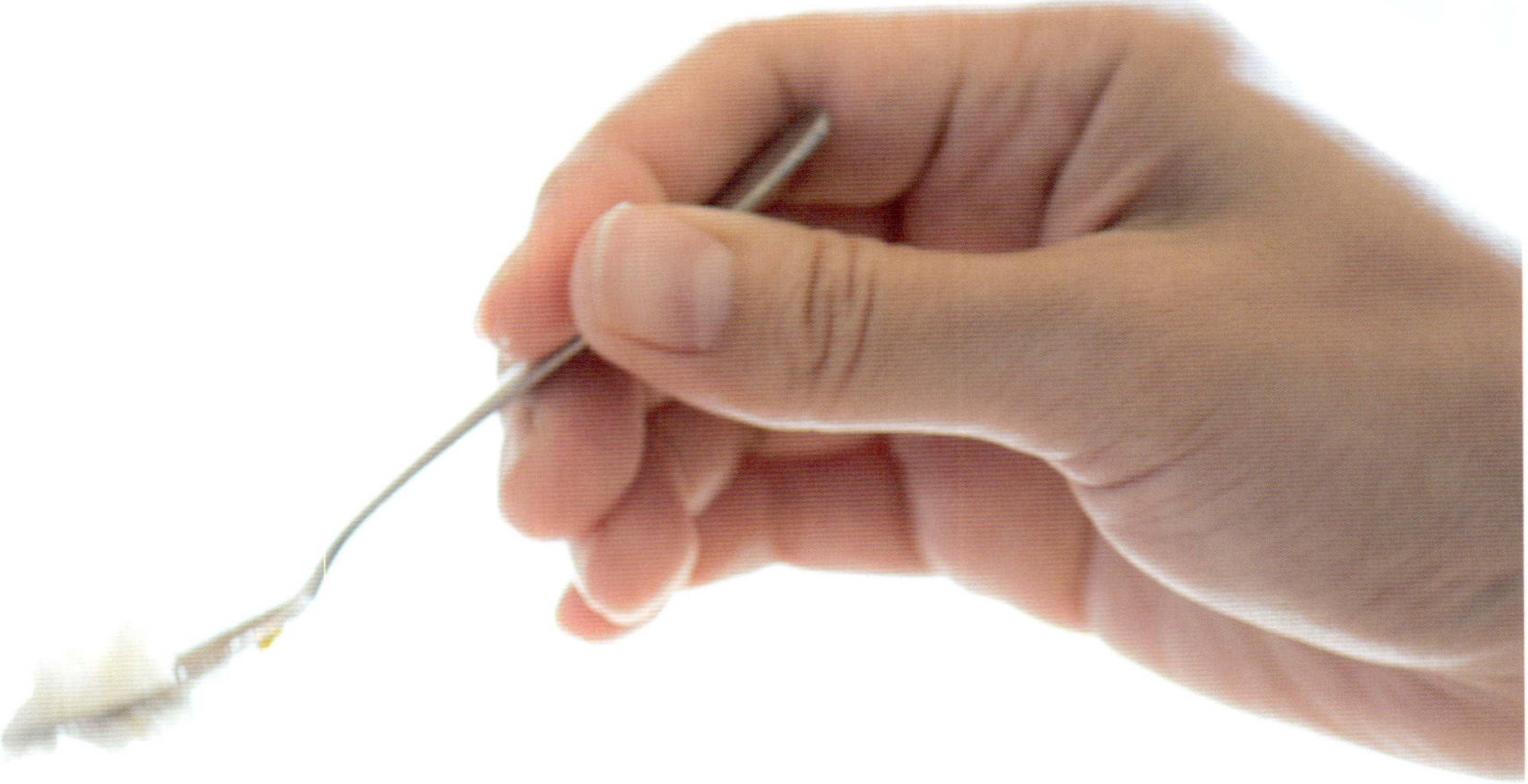

お口を開けて、
あーん。
お行儀なんて
あとまわし。
おいしく食べるのが
一番だよね。

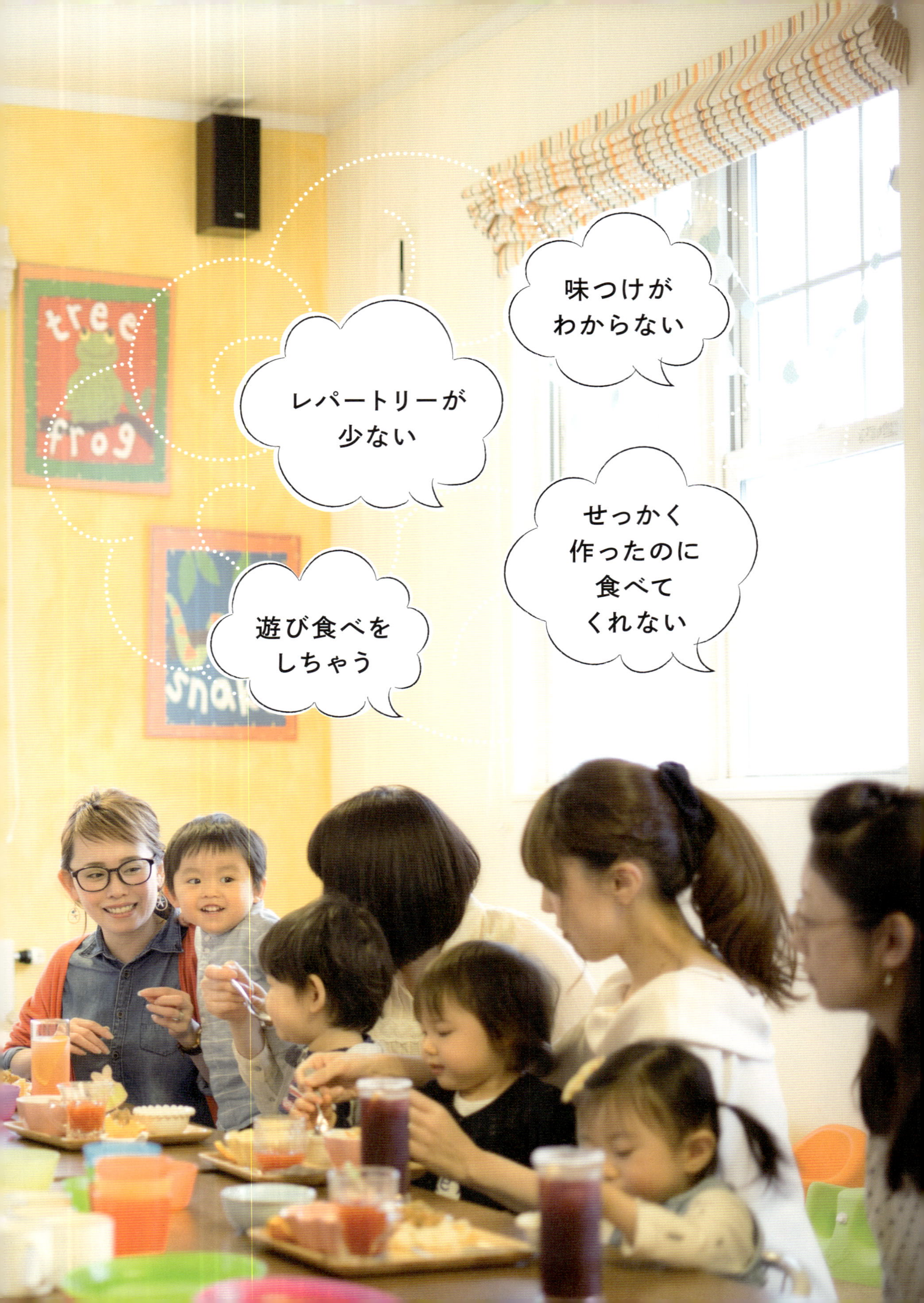
味つけが
わからない
レパートリーが
少ない
せっかく
作ったのに
食べて
くれない
遊び食べを
しちゃう
tree
frog

離乳食は
赤ちゃんにとって
人生はじめてのごはん。
ついつい頑張りすぎて
ママ一人で悩んでいませんか。

そんな時は
赤ちゃん同士、ママ同士
みんなで楽しく
ワイワイごはん。

ママにとっても
赤ちゃんにとっても
みんなで食べることは
楽しいことなんです。

はじめてのごはんが
幸福な記憶になるように

マタニティフードアドバイザー・栄養士／Pop Spoon Cafe 代表　**熊谷しのぶ**

ママの1日は大忙し。私も2児の母として、仕事に家事に育児に、慌ただしい毎日を送っています。

私が札幌で開店した「Pop Spoon Cafe」は、そんなママたちを応援したいという気持ちから生まれました。ここで開いている離乳食ランチ会の参加者から寄せられた悩みをもとに、ママが少しでもリラックスして家族との時間を過ごせるようになってほしいという願いから誕生したのがこの本です。

本書には、ごはん作りをスムーズに進めるためのアイデア・時短レシピがたくさん登場します。大人ごはんと一緒に子どもたちの食事も作っちゃう「とりわけごはん」はその究極のかたちです。

でも、この本を開くのは、離乳食作りに少し慣れてきてからでも遅くはありません。まずは、赤ちゃんがはじめてのごはんと出会うかけがえのない時間を大切にしてください。

そして気持ちに余裕ができたら、少しだけ手間をかけて、作りたてを食べさせてみてください。コトコト煮たり、だしをとったりする姿は、食べることの尊さをいつか子どもに思い起こさせるはずです。

赤ちゃんにとって人生で最初のごはんとなる離乳食。作る人にも食べる人にも、幸福な記憶となりますように。

chapter

00

はじめのひとさじ
離乳食のコツ

Basic Point

ごはんの時間が
待ち遠しくなる♪

家族のための離乳食

離乳食は、母乳を離れて
食事に移行するための
準備ごはんという
イメージがありますね。
でも、それ以上に
大切な意味があるというのが
本書の考え方です。
赤ちゃんが「食」と出会い、
ママやパパと一緒に
食べることの楽しさを
知るためのごはん。
それが「赤ちゃんごはん」です。

離乳食のはじまりは
家族の食卓のはじまりです。
単にレシピのレパートリーを
増やすためだけでなく、
赤ちゃんと一緒に
食卓を楽しむためのヒントとして
本書をご活用ください。

調理の極意

其の壱　食材のもつ風味とだしでうまみを出す

ずらりと並ぶ調味料を見ていると、どんな味付けにしようかと迷いがち。けれど「うまみ」は本来、食材そのものから出てくるものです。

野菜などには種やわた、皮のまわりに栄養が多く含まれています。7カ月以降の食事には取り入れてもいいでしょう。

其の弐　食感はつるつるもちもちとろとろ

赤ちゃんにとって「食べ心地」はとても大事です。〝どろどろ〟〝もそもそ〟〝ざらざら〟しているものや、つぶせないくらいに固く、弾力のあるものは苦手。赤ちゃんがストレスなく食べられるような食感を意識することが大切です。与える温度にも注意して。

其の参　レパートリーを無理に増やさない

毎日献立を変えたいけれど、レパートリーが少ない……と悩むママはとても多いですよね。

でも赤ちゃんは、「昨日とまた同じごはんだ」などとは思いません。毎日しっかり栄養を取ることを心がけていれば、献立は週替わりでもかまいません。

食卓の極意

其の壱 一緒にテーブルを囲んで

赤ちゃんは、ママやパパのまねをするのが大好き。ママがおいしそうにごはんを食べれば、赤ちゃんにもその気持ちが伝わるものです。

忙しいからと一人食べをさせずに、一緒にテーブルを囲んで、楽しそうにごはんを食べる姿を見せてあげてください。

其の弐 演出はしっかりと

楽しい食卓は赤ちゃんにとって何よりの調味料。好きな音楽をかけたり、型抜きした野菜やカラフルな食器などの遊び心をテーブルに並べてみて。

ごはんの時間が楽しくなるような演出を、ママも一緒に楽しみましょう。

其の参 思い切り好きに食べさせる

こぼしたり、なめたり、スプーンを落としたり。赤ちゃんの食べ方はとっても大胆。けれど、汚すたびに拭いたり拾ったりするのはママだって疲れちゃいます。ママのイライラは赤ちゃんにも伝わるもの。新聞紙などを敷き、思う存分、自由に食べさせましょう。

気をつけて! NG食材

大事な赤ちゃんを思わぬ事故から守るために。離乳食期に避けたい食材をあげてみました。

もち
窒息の原因になることも。

そば
食物アレルギーに注意。

こんにゃく
弾力があるので離乳食には不向き。

えび・かに・いか
アレルギーが出ることも。

きのこ
繊維が多く、ペースト状にするのが困難。

はちみつ
特に1歳未満では「乳児ボツリヌス症」で死に至ることも。

長いも
かゆみを引き起こす成分を含む。

生魚
食中毒の危険があり消化も良くない。

このほか、添加物を含むことが多いソーセージ・かまぼこなどの加工品や、アレルギーが心配な青魚やナッツ類、刺激の強いスパイス類などは避けましょう。ほうれん草などアクの強い野菜はしっかりアク抜きを。

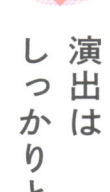

離乳食 Q&A

監修
佐藤 千鶴

助産師。出張専門の母乳育児相談室「ピア」(札幌)代表。自らも母乳育児を経験した3児の母。妊娠中のあらゆる相談、産後の育児相談、母乳育児講座などを行う。著者とは食と母乳の講座などで連携している。
http://pia-bonyuuikuji.com

Q 5カ月になったので離乳食を考え始めたのですが食べ物に興味がないみたい。

月齢がきたからといって無理やり離乳食をはじめても、興味を示さないうちはほとんど食べてくれません。離乳食のスタート時期は赤ちゃんによってそれぞれ。ママやパパが食事をする姿を見せるなど、まずは興味を誘う環境を整えましょう。食べているところをじっと見つめたり、食べものに手を伸ばすようになれば、いよいよ離乳食スタートの合図です。

Q 離乳食をはじめて1カ月弱、突然食べなくなってしまった。

無理やり食べさせようとすると、赤ちゃんは怖がって、いすに座らせるだけで泣き出すこともあります。突然食べなくなったのは、もしかしたら離乳食に飽きてしまったのかもしれません。そんな時は、思い切って離乳食をお休みしても構いません。2週間ほど期間を空けて様子を見ましょう。

Q 離乳食、ミルク、母乳。与える順番はどうすれば？

「お腹がすいていないと食べないのでは？」と思い込んでいませんか。でも、まずは母乳を与えて赤ちゃんを落ち着かせましょう。ポイントは、母乳をあげてから離乳食の準備を始めること。少し時間を空けることで赤ちゃんのお腹にも余裕が生まれ、母乳後でも離乳食を食べてくれます。ただし、ミルクは消化が遅く、お腹にたまりやすいので、離乳食前に与えるのは避けた方が良いでしょう。

Q 一番はじめに与えるべき食材は何？

まずはお米からスタートし、慣れてきたらアクの少ない野菜などを食べさせましょう。続いて炭水化物やビタミン類を中心に、豆乳やつぶした豆腐など植物性のタンパク質をバランスよく加えて。

Q 9カ月、そろそろフォローアップミルクを与えるべき？

フォローアップミルクは、鉄分など赤ちゃんが不足しがちな栄養素を補うものなので、すべての赤ちゃんに必要というわけではありません。離乳食で栄養をしっかり摂取できているのであれば不要です。

Q 離乳食を与える時間は何時頃がいい？

「赤ちゃんの機嫌の良い時間に食べさせてしまいたい」というのがママたちの本音。でも、離乳食の一番の目的は食事の楽しさを教えること。大人の都合に合わせるのではなく、ママがごはんを食べる時間に一緒に離乳食を与えることが大切です。周りの人が食べる姿を見て、赤ちゃんは食べ方を学んでいきます。1回食の時期は特に、一緒に食べる時間を大切にしてください。

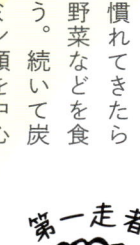

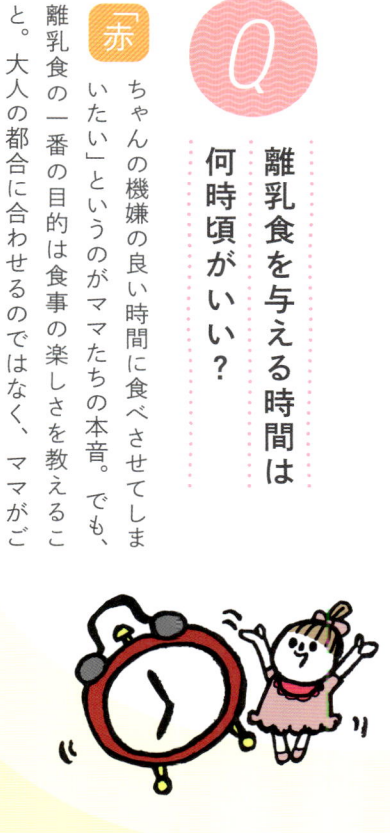

離乳食の進め方

助産師の佐藤千鶴さんに教わった離乳食の進め方です。あくまでも目安なので、実際は赤ちゃんの様子を見ながら進めましょう。

	ゴックン期	モグモグ期	カミカミ期	パクパク期
月齢	 5～6カ月 ※［初期］	 7～8カ月 ［中期］	 9～11カ月 ［後期］	 1歳～1歳半 ［完了期］
回数	1日1回	1日2回	1日3回	1日3回 (おやつもOK)
食材のかたさ	指で簡単につぶせる程度。どろどろにしなくてもよい。	指で簡単につぶせる程度。	子どもの歯ぐきでつぶせる程度。	大人と同じか、少しやわらかい程度。
食事の目あて	お母さんや家族がおいしく楽しんでいる様子を見せる。	手づかみなど食べることの楽しさを知る。	手づかみのほかスプーンやフォーク食べにもチャレンジ。	スプーンやフォークを上手に使う。
ポイント	とにかく練習の期間。一口食べたらほめてあげましょう。もし吐き出しても嫌いだと思い込まないで。	スプーンで与えるのではなく、なるべく自分で食べさせること。食材に手で触れさせることも大切。	このころから遊び食べが盛んになる。器や型抜きなど、見た目も工夫して最後まで食べられるように。	食べることに自信がつき始める。食事時間を親子で決めて、生活のリズムを整える。

※）体重増加に問題がない場合、生後6カ月が過ぎて、赤ちゃんが食べものに興味を持ち始めたら離乳食を開始。あまり体重が増えない場合は生後5カ月からでもOK。　作成／佐藤千鶴

離乳食の与え方

赤ちゃんを一人ぼっちにして離乳食を食べさせてはいませんか？「どうして食べてくれないの？」と怖い顔になっていませんか？

顔を向け合い、笑顔で食べさせると赤ちゃんは安心します。まずはお母さんがお手本として自分用にスプーンで食べて見せるのがポイントです。一人でお座りができない子は、左のイラストのような抱き方を試してみてください。

女優になったつもりで、「上手だね～」などたくさんのほめ言葉をかけながら、食事の時間を楽しく過ごしましょう。

ポイントは「表情」

ひとさじ食べた時の赤ちゃんの顔に注目してください。まだ食べ

たそうにしていませんか？「んべっ」と吐き出すのはキライだからとはかぎりません。ポイントは、そうした「行動」ではなく、「表情」の変化です。

大事なのは「食べたい、やってみたい」という意欲。マニュアルにとらわれすぎず、ママと赤ちゃんのオリジナルを見つけてください。

母乳と離乳食

離乳食というと「母乳から遠ざけていく」というイメージがありますが、最近は「補完食」として母乳だけでは不足する栄養を食事で補うという意味でとらえられています。離乳食を始めたからといって、母乳を急に減らすことにはありません。特に離乳食を始めてすぐは、1回に食べる量が少ないので、母乳の回数は今まで通りでOKです。

赤ちゃんによっては、離乳食の回数が増えても母乳回数が減らない子もいます。無理して減らす必要はなく、赤ちゃんの様子を見て、ほしがるようならあげましょう。

離乳食づくりに役立つ 時短＋簡単 便利グッズ

離乳食を作る期間は長くはありません。使用頻度の高いグッズは、取り出しやすい場所にまとめておきましょう。

ふたつきフライパン

お湯を沸かしたり、焼いたり、煮たり。フライパンだけで作れるレシピがたくさん。

フードプロセッサー

刻む・こねる・混ぜる・ペーストするという作業が一度にできる万能調理器具。パンケーキの生地づくりなどに便利。

小鍋

離乳食は材料の分量が少ないので、軽くて小さいサイズの鍋が大活躍。

おろし器

細かく滑らかにすりおろせる！手軽に使えて手放せない必需品。

マッシャー

食材をつぶすことが多い離乳食の必須アイテム。

ざる・茶こし

裏ごし時に重宝。気になるざらつきもこれで解決！

chapter 03

お助けレシピ　63

chapter 04

特急レシピ　73

chapter 05

おすすめ食材　83

Baby and mother are happy.

Toriwake Gohan

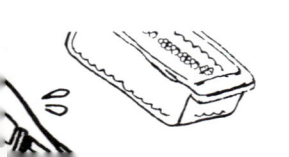

Contents

本書の使い方

- 本書の1、2章では、大人ごはん、赤ちゃんごはん（離乳食開始から満2歳ぐらいまで）、キッズごはん（およそ2歳以降のごはん）を掲載しています。
- 2章「とりわけレシピ」ではレシピの過程で取り分ける重量を表示していますので、はかりをご用意ください。また、一部のレシピでは大人ごはん用にスパイスなどを使用しています。
- 使用する油はなるべく良質なものをおすすめしています。油や調味料、その他の食材については「おすすめ食材編」（P83～）をご覧ください。
- ジュレなどの凝固剤に「アガー」（海藻などに由来する食物繊維、P91参照）をおすすめしています。入手が難しい場合は粉寒天などで代用できます。
- 豆乳は無調整のものを基本にしていますが、調整豆乳でも代用できます。
- 調味料などの分量表示は以下の通りです。1カップ＝200CC、大さじ1＝15CC、小さじ1＝5CC
- 電子レンジの出力は500Wを基準にしています。
- 冷蔵庫の設定温度は夏は低めにするなど、こまめに調整しましょう。

chapter 01 作り置きレシピ P19

ベースを作っておくことで、「大人ごはん」「赤ちゃんごはん」「キッズごはん」にアレンジできる万能レシピ。

chapter 02 とりわけレシピ P35

「大人ごはん」を作りながら「赤ちゃんごはん」「キッズごはん」がいっぺんにできちゃう魔法のレシピ。

chapter 03 お助けレシピ P63

熱が出た、鼻水が出た、せきが止まらないなど、子どもが体調を崩したり食欲がないときに効果的な症状別レシピ。

chapter 04 特急レシピ P73

仕事や家事で忙しいママの強い味方。素早く手軽に、でも栄養バランスや食べやすさは手抜きなしの時短レシピ。

chapter

01

アレンジらくらく 作り置きレシピ

Tsukurioki Recipe

アレンジ自在の
作り置きレシピは
ママにとって
１週間の安心材料。

日曜日の夜に
まとめて作っておけば
忙しい平日だって
らくらくです。

味覚を育てる だしの力

離乳食期は赤ちゃんの味覚を育てる大事な時期。調味料の代わりに、食材のうまみを生かした天然のだしをぜひ体験させてください。

基本のかつお昆布だし

保存期間 冷蔵で4日

材料　水…1.5ℓ　昆布…15cm　かつお節…軽くふたつかみ(12g)

昆布は早煮昆布ではなくだし用のものを選ぶ。食物繊維たっぷりなので、だしを取った後も捨てずに、煮物や炒め物などに再利用を。

①水を入れた鍋にさっと拭いた昆布を入れ、30分から1時間置きます。
②中火にかけ、昆布についた泡がふつふつしてきたら昆布を取り出します。
③かつお節を入れ、沸騰する直前に火を止め、3分ほど置きます。
④かつお節をアミで引き上げ、菜箸で軽く絞ります。粗熱が取れたら容器に移し冷蔵庫で保存します。

レンジで簡単だし

保存期間 冷蔵で4日

材料　水…1ℓ　昆布…15cm　かつお節…軽くふたつかみ(12g)

簡単、手間いらず。時間がないときはぜひお試しを。

①耐熱ボウルに水、かつお節、さっと拭いた昆布を入れます。
②電子レンジで約5分加熱します。
③粗熱が取れたらざるでこします。

水出しだし

保存期間 冷蔵で4日

材料　水…1ℓ　昆布…15cm　かつお節…軽くふたつかみ(12g)

薄めですがクセがなく、素材の味を引き立たせるスグレもの。

①瓶の中に水、かつお節、さっと拭いた昆布を入れて冷蔵庫に一晩置きます。

炊飯器で保温するだけだし

保存期間 冷蔵で4日

材料　水…炊飯器の目盛り4合分　昆布…15cm　かつお節…軽くふたつかみ(12g)

案外便利。チャレンジの価値あり。

①昆布をさっと拭きます。
②すべての材料を炊飯器に入れ、炊飯ボタンを押します。
③10分たったら保温に切り替え、2～3時間置き、ざるでこします。

トマトだし

保存期間 冷蔵で3日

材料　トマト…2個(300g)　水…3カップ　かつお節…軽くひとつかみ(6g)

トマトには昆布と同じうまみ成分のグルタミン酸が含まれる。かつお節を加えることで、和洋どちらにも使えるだしになる。

①トマトのヘタを取り、ざく切りにします。
②鍋に水と①を入れ、フタをして中火にかけます。
③沸騰したら弱火にし、20分ほど煮てアクをとります。
④火を止めて、ざるで果肉と汁を分けます。
⑤果肉はざるの上でヘラやおたまでつぶし、こしながら汁の方へ移し、種と皮は捨てます。
⑥鍋に汁を戻し、かつお節を入れ中火にかけます。
⑦沸騰する直前に火を止め、3分ほど置きます。
⑧かつお節をアミで引き上げ、菜箸で軽く絞ります。粗熱が取れたら容器に移し冷蔵庫で保存します。

! 7カ月未満の離乳食開始時は昆布だけを使用してください。

作り置きレシピ01

彩り野菜のあっさり煮びたし

このままでも
十分おいしい!
かつお節としょうゆを
足してもGOOD

彩り野菜の
あっさり煮びたし

保存期間
冷蔵で
4日

材料 作りやすい分量

- なす…2本(200g)
- かぼちゃ…1/4個(300g)
- トマト…中2個(300g)
- 基本のだし汁(P.22参照)…3カップ
- しょうゆ…大さじ1
- 赤パプリカ…1個(150g)
- 砂糖…大さじ1と1/2
- 塩…小さじ1/2
- 良質な油…大さじ2

作り方

① 皮を薄く削いだかぼちゃ、種を外したパプリカとなすを乱切りにします。なすは水に浸け、アクを抜きます。

② トマトを横半分に切り、スプーンで種を外して乱切りにします。

③ 大きめの鍋にだし汁とかぼちゃを入れ、フタをして中火にかけ、かぼちゃに火が通ったら弱火にし、砂糖と塩を加えます。

④ フライパンに油大さじ1(分量内)となすを入れ中火で炒め、③の鍋に入れます。

⑤ 同じフライパンにパプリカを皮を下にして並べ、トマトと油大さじ1(分量内)を加えて炒めます。野菜に火が通ったら③の鍋に入れます。

⑥ 火を止め、粗熱が取れたら冷蔵庫に入れます。

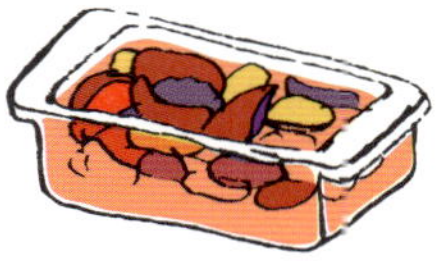

Base
彩り野菜の
あっさり煮びたし

4つの
料理に
変身!!

Arrange

- 大人ごはんにアレンジ ▶ **万能野菜ソース** P.26
- 赤ちゃんごはんにアレンジ ▶ **トマトのだし炊きごはん** P.26
- キッズごはんにアレンジ ▶ **炊飯器でピラフ** P.27
- キッズごはんにアレンジ ▶ **野菜のつけそうめん** P.27

! 保存期間を考慮して早めのアレンジをおすすめします。

Otona Food

大人ごはんにアレンジ

万能野菜ソース

材料 4人分

- 煮びたしの具(P24参照)…1カップ
- きゅうり…1/2本(50g)
- 酢、しょうゆ、砂糖…各大さじ1

作り方

① 煮びたしの具、きゅうりを5mm角に切ります。

② ①に調味料を合わせ、冷蔵庫で冷やして味をなじませます。

③ 肉や魚のソテーやフライにかけていただきます。

Baby Food

赤ちゃんごはんにアレンジ

トマトのだし炊きごはん

対象月齢 離乳食開始時から

材料 4～5回分

- 煮びたしの具(トマト・かぼちゃ・パプリカ)…1/2カップ
- 炊いたごはん…軽く1膳分(120g)
- ひじき(乾燥)…小さじ1/2
- トマトだし(P22参照)…1/2カップ

作り方

① ひじきをぬるま湯で戻し、みじん切りにします。

② 煮びたしの具をみじん切りにします。トマトとパプリカは皮を外しておきます。

③ ごはんに①と②を加えて混ぜ、トマトだしを注ぎ、ラップをして電子レンジで3分加熱します。

④ 粗熱が取れたらスプーンやマッシャーでごはんの粒をつぶし、器に盛ります。

Point! 仕上がりは大人の指でつぶせるくらいのやわらかさ。9カ月からはトマトだしを減らしてかために仕上げてもよい。

キッズ
ごはんに
アレンジ

炊飯器でピラフ

材料 4人分

- 米…2合分
- 塩・こしょう…少々
- 煮びたしの具…2カップ
- コンソメ（顆粒）…小さじ1
- バター（有塩）…15g

作り方

① 米を洗い、浸水させます。

② 炊飯器に①を入れ、細かく刻んだ煮びたしの具、コンソメ、塩・こしょうを加え、水を2合の目盛りよりやや少なめに入れて炊飯します。

③ 炊き上がったらバターを混ぜ入れ、好みでバジル、オリーブオイルをあしらいます。

キッズ
ごはんに
アレンジ

野菜のつけそうめん

材料 2人分

- 煮びたしの具…1カップ
- 煮びたしの汁…1/2カップ
- みりん、しょうゆ…各大さじ1
- ごま油…大さじ1/2
- 白いりごま…小さじ1
- 卵黄…好みで
- そうめん…適量

作り方

① 煮びたしの具を1cm角に切ります。

② 小鍋に①と煮びたしの汁、みりん、しょうゆ、ごま油を入れて中火にかけます。

③ 軽く沸騰したら、白いりごまを手でつぶしながら加え、好みで卵黄を落とします。

④ ゆでたそうめんをつけていただきます。

作り置きレシピ02

やさしい甘さのクリームポテト

マヨネーズと
塩・こしょうを加えれば
手軽な
ポテトサラダに

やさしい甘さの クリームポテト

保存期間
冷蔵で
3日

材料 作りやすい分量

- じゃがいも…7個(700g)
- 玉ねぎ(すりおろし)…大さじ2
- コーンクリーム缶…1/2カップ
- トマトだし(P.23参照。基本のだしでもよい)…大さじ1

作り方

① 皮をむいたじゃがいもを大きめの乱切りにし、水に浸けてからひたひたの水を加え、やわらかくなるまでゆでます。

② ①の水気を切り、熱いうちにマッシャーなどでつぶします。

③ すりおろした玉ねぎを耐熱容器に入れてラップをし、電子レンジで1分加熱します。

④ ②に③、コーンクリーム(粒入りの場合はザルなどでこし、クリームだけにする)とトマトだしを加えて混ぜ合わせます。

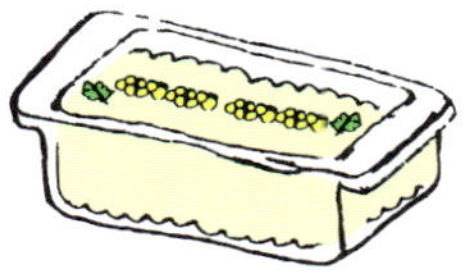

Base
やさしい甘さの クリームポテト

6つの料理に変身!!

Arrange

- 大人ごはんにアレンジ ▶ **ポテトンかつ** P.30
- 赤ちゃんごはんにアレンジ ▶ **ポテトとにんじんのクリームリゾット風** P.31
- 赤ちゃんごはんにアレンジ ▶ **ポテトパンケーキ** P.31
- キッズごはんにアレンジ ▶ **2層のポテトスープ** P.32
- キッズごはんにアレンジ ▶ **ごろごろ食材のお楽しみグラタン** P.33
- キッズごはんにアレンジ ▶ **ポテトもちの楽しいサラダ** P.33

! 保存期間を考慮して早めのアレンジをおすすめします。

大人
ごはんに
アレンジ

ポテトンかつ

材料 2人分

- 豚もも（または豚ロース）薄切り肉…6枚（約120g）
- クリームポテト（P28参照）…1/2カップ
- マヨネーズ…大さじ2
- 塩・こしょう…少々
- コーン缶（粒）…10g
- ブロッコリー…20g
- とろけるスライスチーズ…2枚
- 小麦粉、パン粉…適量
- 溶き卵…適量
- 揚げ油…適量

【ソース】
- ケチャップ、ウスターソース…各大さじ1
- マヨネーズ…大さじ1/2

作り方

① ブロッコリーをゆでて1cm角に切ります。

② クリームポテトにマヨネーズ、コーン、①を加え、塩・こしょうで味を調えます。

③ 豚肉に塩・こしょうをし、2枚を少し重なるように並べて②とスライスチーズを順にのせ、もう1枚の肉をのせて、下の肉を持ち上げるように包みます。これを2つ作ります。

④ ③に小麦粉、卵、パン粉を順につけ、中温に熱した油で3～4分揚げます。

⑤ ケチャップとマヨネーズを混ぜ合わせ、ウスターソースを少しずつ加えて混ぜます。

⑥ ④に⑤のソースをかけていただきます。

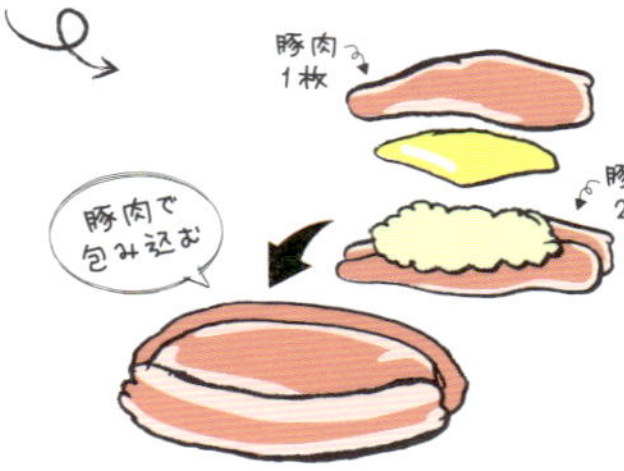

ポテトンかつの手順

Baby Food 赤ちゃんごはんにアレンジ

ポテトとにんじんのクリームリゾット風

対象月齢 離乳食開始時から

保存期間 冷蔵で2日

材料 4〜5回分

- 炊いたごはん…軽く1膳分(120g)
- クリームポテト…大さじ2
- にんじん(すりおろしたもの)…大さじ1
- トマトだし(基本のだし汁でもよい)…1/2カップ
- 豆乳…1/4カップ
- 青のり…適量

Memo!
9カ月からは、だしや豆乳などの水分量を減らしてもよい。

作り方

① 耐熱容器に青のり以外のすべての材料を入れて混ぜ、ラップをして電子レンジで3分加熱します。

② ラップを外さずにしばらく置き、粗熱が取れたらスプーンやマッシャーなどでごはんの粒をつぶします。

③ 青のりをかけます。

Baby Food 赤ちゃんごはんにアレンジ

ポテトパンケーキ

対象年齢 9カ月以降

材料 10枚分(直径5cm)

- クリームポテト…大さじ3(50g)
- 小麦粉…30g
- ベーキングパウダー(アルミフリー)…小さじ1/2
- 砂糖…小さじ1
- 豆乳(または牛乳)…1/4カップ

作り方

① すべての材料をボールに入れ、なめらかになるまで混ぜ合わせます。

② テフロン加工のフライパンで、5cm大にした①の両面を焼きます。

Kids Food

キッズ
ごはんに
アレンジ

2層のポテトスープ

対象年齢 2歳以降

材料 3人分

【ジュレ部分】 コーン缶（粒）…50g　コーン缶の汁…1/4カップ　水…1/2カップ　コンソメ（顆粒）…小さじ1/2　塩・こしょう…少々　アガー（粉寒天）…小さじ1/2

【スープ部分】 クリームポテト（P28参照）…1/2カップ　牛乳…1カップ　生クリーム…大さじ3　カレー粉…小さじ1/3　塩…小さじ1/3　こしょう…少々

作り方

①【ジュレ部分】コーンの粒をグラスの底に入れます。

② 小鍋にアガーを入れ、コーン缶の汁を少しずつ入れ混ぜ、アガーが溶けたら水、コンソメ、塩・こしょうを入れ中火にかけます。

③ 軽く沸騰したら火を止めて、①に注ぎます。

④ 粗熱が取れたら冷蔵庫で15分ほど冷やし固めます。

⑤【スープ部分】材料を全てボウルに入れて混ぜ合わせ、ざるでこし、冷蔵庫で冷やします。

⑥ ④に⑤を注ぎ、好みでパセリなどをあしらいます。

Memo!

ゼリーのプルプル、コーンのつぶつぶ感とスープのとろみ、そしてカレー味。子どもの舌が喜ぶものばかり。大人のおもてなしにも。

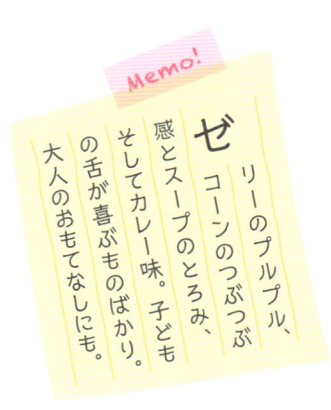

Kids Food キッズごはんにアレンジ

ごろごろ食材のお楽しみグラタン

対象年齢 2歳以降

材料 3人分

- クリームポテト…30g
- バター(有塩)…15g
- コンソメ(顆粒)…小さじ1/2
- 小麦粉…大さじ1
- 牛乳(または豆乳)…1/2カップ
- 鶏肉…60g
- 塩・こしょう…少々
- ブロッコリー…30g
- かぼちゃ…50g
- マカロニ…15g
- とろけるスライスチーズ…1と1/2枚

作り方

① フライパンにバターをひき、クリームポテトとコンソメを炒めます。小麦粉を加え、粉っぽさがなくなったら牛乳を少しずつ入れ、とろみがついたら塩・こしょうで味を調えます。

② 鶏肉を2cm大に切り、塩・こしょうをして油(分量外)で焼きます。

③ 2cm大に切ってゆでたブロッコリー、かぼちゃとゆでたマカロニ、②を3つの器に入れ、①をかけます。

④ スライスチーズを1/2枚ずつのせて電子レンジで1分加熱します。

Kids Food キッズごはんにアレンジ

ポテトもちの楽しいサラダ

対象年齢 2歳以降

材料 6個分

- クリームポテト…50g
- 片栗粉…20g
- 鮭切り身…30g
- ひじき(乾燥)…小さじ1
- 塩・こしょう…少々

作り方

① ひじきをぬるま湯で戻します。

② 骨と皮を取り除いた鮭を5mm角に切ります。

③ フライパンに油(分量外)をひき、①、②を炒め、塩・こしょうで味を調えます。

④ ボウルにクリームポテト、片栗粉、水大さじ1を入れて、まとまるまで手でこねます。

⑤ ④に③を加え、直径5cm大に平たく成形します。

⑥ 中温に熱した多めの油で、⑤を裏返しながら3〜4分揚げ焼きにし、冷まします。

⑦ 好みの野菜と盛り合わせ、ドレッシングをかけていただきます。

食卓の魔法 熊 KUMA's Note

column vol.01 Title

ほんのひと手間で「パクッ」

ある土曜日、店の個室スペースに、パパとママが1歳すぎの男の子を連れてやってきました。離乳食セットを注文し、食べ始めたその子に、「きれいに食べてね〜。約束したもんね」とママが優しく話しかけています。男の子がこぼしたらすぐに拭き、パパもハンドタオルを持ってしっかりサポート……。

見ていた私は我慢できず、言ってしまいました。

「あの〜、おかあさん。ここでは思いっきりこぼしてもいいので、好きにつかんで、自由に食べさせてあげてください♪」

「え？ いえいえ、とんでもないです。だめです」

遠慮しながら上品に首を振るママの隣に座り込んで、こんなお話をしました。

——食べ方のマナーなんて3歳になってからでいいんです。今はまず食べ物に触れ、触り心地や食感の違い、香り、自分の好き嫌いなど、いろいろなことを実験する時期です。自由にさせてあげることで、「ごはんの時間はなんだか楽しい」というプラスの感情をたくさん感じさせること。これが一生の「食」との付き合い方を決めるんですョ。

店のお客様は気楽にご飯を食べに来ているんだから、割り込んでお話ししないよう気を付けているのですが、またやってしまいました……。

そうそう、あとは盛り付けのこと。にんじんの煮物を薄く切って星の形に型抜くだけで、赤ちゃんは声を上げ手足をパタパタ♪　笑顔で口に運ぶのです。動物の顔がついたものや、ポップな色づかいのかわいい食器にするだけでも効果があります。

ほんのひと手間、いえ、「食べてくれますように」という気持ちを料理に込めるだけで、赤ちゃんにもママにとっても最高にうれしい「パクッ♪」の瞬間が訪れるのです。

chapter

02

家族でおいしく
とりわけレシピ

Toriwake Recipe

大人ごはんを作っている途中で
赤ちゃんごはんもできちゃう！
とりわけレシピは、
家族みんなが同じ食材を
食べることができる優れもの。
時間に余裕がある休日などに
ぜひ挑戦してほしい
家族みんなのレシピです。

nature

とりわけレシピ01

白いカレー Set

大人ごはん

白いカレー

キッズごはん

長いもソースの
軽いグラタン P.41

赤ちゃんごはん

ポン・デ・
パンプキン P.40

Otona Food

白いカレー

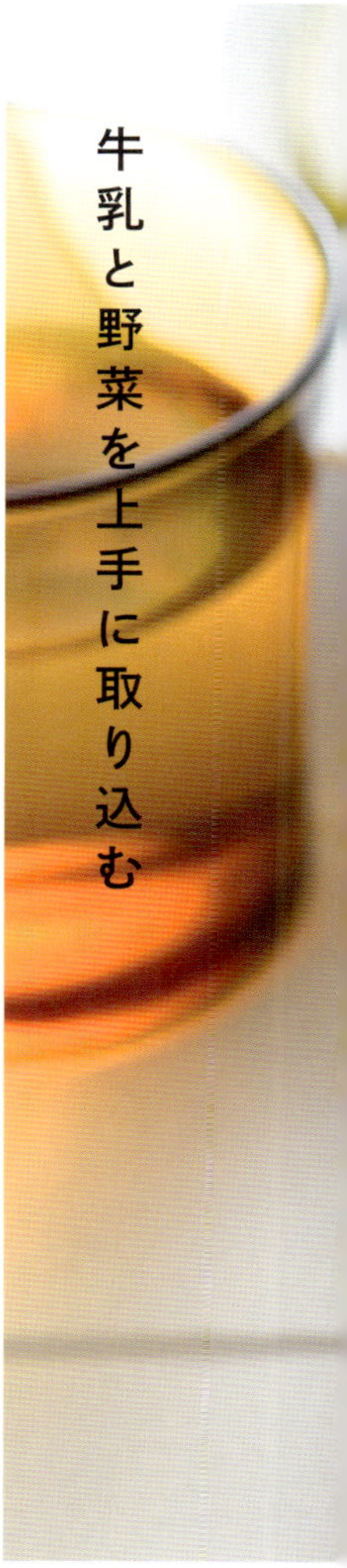

牛乳と野菜を上手に取り込む

材料 2人分

- シーフードミックス（冷凍）…250g
- にんにく（みじん切り）…1/2片（5g）
- しょうが（みじん切り）…1/2かけ（5g）
- 玉ねぎ…1個（200g）
- 小麦粉…大さじ3
- コンソメ（顆粒）…小さじ1/2
- カルダモン、クミン…各小さじ1
- カレー粉…小さじ1
- かぼちゃ…350g
- じゃがいも…1個（100g）
- 白菜…1枚（100g）
- ブロッコリー…1/2個（100g）
- 牛乳…2カップ
- 生クリーム…1/2カップ
- 塩…小さじ1/2
- こしょう…少々
- 炊いたごはん…2人分
- パセリ（みじん切り）…適量
- レモン…1/4個

作り方

① じゃがいもとかぼちゃの皮をむき、一口大に乱切りにし、じゃがいもは水に浸けます。

② 鍋に①を入れ、食材の半分くらいまで水を入れ、フタをして中火で10分ほどゆでます。

③ 小房に分けたブロッコリーと食べやすい大きさに切った白菜を②に加え、火が通ったら火を止め、水気を切ります。

赤ちゃんごはん P.40 用に取り分け
ゆでかぼちゃ 80g
ゆでブロッコリー 20g

キッズごはん P.41 用に取り分け
ゆでかぼちゃ
ゆでブロッコリー 計120g

④ 大きめの鍋に油（分量外）をひき、解凍して水気を切ったシーフードミックスをさっと炒めて取り出します。

キッズごはん P.41 用に取り分け
炒めたシーフード 30g

⑤ ④の鍋に油（分量外）、にんにく、しょうが、玉ねぎの薄切りを入れて中火で炒めます。

⑥ ボウルに小麦粉、コンソメ、カルダモン、クミン、カレー粉を混ぜておき、そこに牛乳を少しずつ入れ混ぜてから⑤に加え、中火で煮ます。ふつふつしてきたら③、④を加え、生クリーム、塩・こしょうで味を調えます。

⑦ ごはんの上にパセリやレモンのくし切りをあしらい、カレーをかけていただきます。

Memo!

シーフードミックスを半量にして鶏もも肉を入れてもgood。鶏肉は余分な脂身を取り、3cm角に切って塩・こしょうをふり、表面に小麦粉をまぶす。フライパンに少量の油をひき、強めの中火で皮面から焼く。焦げ目がついたら裏返し、ビール（または酒）を振り入れさらに強火で焼き、カレーに投入。

Baby Food

ポン・デ・パンプキン

対象月齢 9カ月以降

保存期間 冷凍で7日（焼いたもの）

材料 6個分

- 取り分けたかぼちゃ…80g
- 取り分けたブロッコリー…20g
- 米粉（または小麦粉）…10g
- 片栗粉…15g
- 砂糖…小さじ1
- ひじき（乾燥）…小さじ1/2

作り方

① ひじきをぬるま湯で戻し、ラップをして電子レンジで約1分加熱します。

② ボウルにつぶしたかぼちゃ、米粉、片栗粉、砂糖を入れて混ぜ合わせます。

③ ①とブロッコリーを細かく刻み、②に加えてよく混ぜ、直径3～4cmほどに成形します。

④ テフロン加工のフライパンに③を並べ、フタをして両面を弱めの中火で約5分ずつ焼きます。（200度のオーブントースターで約10分焼いても）

Point!

成形するときは耳たぶくらいの柔らかさを目安に（固ければ水を足す）。子どもの好きな形にすればさらに食欲アップ♪

Kids Food

長いもソースの軽いグラタン

材料 4人分

【ソース】 絹ごし豆腐…100g　長いも…50g　牛乳(または豆乳)…1/4カップ　生クリーム…大さじ3　塩…少々

【グラタン】 ●取り分けた野菜(かぼちゃ・ブロッコリー)…120g　●取り分けたシーフード…30g　塩・こしょう…少々　とろけるチーズ…40g　トマト(角切り)…30g

作り方

① ソースを作ります。耐熱ボウルに絹ごし豆腐を入れ、泡立て器である程度滑らかになるまで混ぜます。

② 長いもの皮をむき、すりおろして①に加えます。

③ ②に牛乳、生クリーム、塩を加えてラップをし、電子レンジで約2分加熱します。

④ グラタンを作ります。油(分量外)をひいたフライパンに1～2cmに切った野菜、シーフードを入れて炒め、塩・こしょうをふります。

⑤ 器に③、④、チーズの順に2度重ね、トマトをのせてオーブントースターでチーズが溶けるまで焼きます。

Memo!

牛乳と緑黄色野菜、豆腐の組み合わせは風邪予防に効果的。特に寒い冬におすすめです。

とりわけレシピ02

ロコモコ Set

大人ごはん

美人ハンバーグの
ロコモコボウル

キッズごはん

子ども
ライスバーガー P.45

赤ちゃんごはん

ぷるるん
かぼちゃプリン P.44

Otona Food

美人ハンバーグのロコモコボウル

生焼け防止に豆腐をサンド。豆の力で美しく

材料 2人分

【ハンバーグ】
- ひじき(乾燥)…小さじ1/2
- かぼちゃ…150g
- 牛豚あいびき肉…250g
- 塩…小さじ1/3
- 玉ねぎ…1/4個(50g)
- ゆで大豆…50g(あいびき肉でも可)
- もめん豆腐…80g
- 卵…SかM1個
- こしょう…少々

- 炊いたごはん…2人分

【ハンバーグのたれ】
- みりん、しょうゆ…各大さじ1と1/2
- 砂糖…大さじ1
- ごま油…大さじ1
- 片栗粉…大さじ1(カップ1/2の水で溶く)
- オイスターソース…大さじ1

【トッピング】
- 卵…2個
- レタス、トマト、キャベツ、コーン缶(粒)、アボカド、マヨネーズ…各適量

作り方

① ハンバーグを作ります。ひじきをぬるま湯で戻し、そのまま電子レンジで1分加熱し、湯切りして粗めに刻みます。

② かぼちゃの皮を薄くむいて乱切りにし、やわらかくなるまでゆでてマッシャーでつぶし、粗熱を取ります。

赤ちゃんごはん P.44 用に取り分け
ゆでかぼちゃ 100g

③ ボウルに牛豚あいびき肉、塩を入れて手早くこねます。

④ ③にみじん切りにした玉ねぎ、フードプロセッサーなどで細かくしたゆで大豆、①、②、こしょうを入れて混ぜ合わせます。溶いた卵を少しずつ加えて成形しやすい柔らかさにします。

キッズごはん P.45 用に取り分け
肉だね 160g

⑤ ペーパーに包み水気を切った豆腐を横に2等分にします。

⑥ ④を2等分し、豆腐が中心にくるよう包んで平たく成形し、油(分量外)をひいたフライパンに並べて中火で3分焼きます。焼き色がついたら裏返し、フタをして弱火で7分焼いて取り出します。

⑦ ハンバーグのたれを作ります。⑥のフライパンを拭かずに、たれの材料をすべて入れてよく混ぜ、弱めの中火でとろみがつくまで煮ます。

キッズごはん P.45 用に取り分け
ハンバーグのたれ適量

⑧ トッピングを作ります。耐熱容器2個にそれぞれ卵を割り入れ、卵黄につまようじで2カ所ほど穴を開けます。卵にかぶるくらいまで水を入れて電子レンジで40〜50秒加熱して温泉卵を作り、水気を切ります。

⑨ ごはんをそれぞれの器に盛り、ハンバーグ、たれ、5mm角に切ったトッピング用の野菜、⑧をのせ、マヨネーズをかけます。

Baby Food

ぷるるんかぼちゃプリン

対象月齢
離乳食開始時から

保存期間
冷蔵で2日

材料 4個分

- 取り分けたかぼちゃ…100g
- 水…1カップ
- 豆乳…1/2カップ
- アガー（粉寒天）…小さじ1/2
- 砂糖…小さじ1
- 小豆（ゆでたもの）…大さじ1

作り方

① かぼちゃを小鍋に入れ、アガーと砂糖を加えてよく混ぜ、水、豆乳を加えます。

② ①の小鍋を中火にかけ、軽く沸騰させ、アクが出たら取り除きます。火を止め容器に流し入れて粗熱を取り、冷蔵庫で約15分冷やし固めます。

③ ②に細かく刻んだ小豆をのせ、食べる前に表面をくずします（丸飲み防止のため）。

Memo!

①をザルでこせば、よりなめらかな仕上がりに。

子どもライスバーガー

材料 2個分

卵(SかM)…1個　炊いたごはん…200g　片栗粉…大さじ4　しょうゆ…小さじ1
ごま油…小さじ1　●取り分けた肉だね…160g(2等分する)　●取り分けたハンバーグのたれ…適量

【トッピング】　レタス、アボカド、マヨネーズ、とろけるスライスチーズ…各適量

作り方

① ボウルにごはん、片栗粉、しょうゆを入れて混ぜ合わせます。溶いた卵を少しずつ加え混ぜ、成形しやすい柔らかさにし、4等分します。

② ①をラップに包んで円形に平たく成形し、ごま油をひいたフライパンに並べて中火で両面を2分ずつ焼き、取り出します。

③ 油(分量外)をひいたフライパンにハンバーグを並べて中火で3分焼きます。焼き色がついたら裏返し、フタをして弱火で4分焼き、たれにからませます。

④ ②に③、トッピング材料をはさみます。

とりわけレシピ03

けんちん汁 Set

大人ごはん

しあわせ
けんちん汁

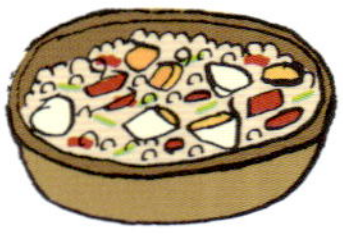

キッズごはん

梅入り
香味ごはん P.49

赤ちゃんごはん

おいもの
きんつば風 P.48

Otona Food

しあわせ けんちん汁

材料 たっぷり2人分

- 大根…2cm(80g)
- にんじん…2cm(30g)
- さつまいも…1本(200g)
- ごぼう…30g
- しめじ…1/2パック(50g)
- もめん豆腐…150g
- 鶏もも肉…1/2枚(120g)
- 良質なごま油…大さじ1/2
- だし汁…500mℓ(P.23「基本のだし」参照)
- 小松菜…1株(50g)
- 酒…大さじ1/2
- しょうゆ…小さじ1
- みりん…大さじ1
- 塩…小さじ1
- 長ねぎ…適量

作り方

① 大根、にんじんを厚さ5mmのいちょう切りにします。さつまいもは皮をむき、厚さ1cmのいちょう切りにしてから水に浸けアクを抜きます。

② ごぼうをよく洗いささがきにし、水に浸けアクを抜きます。

③ しめじの石づきを取り、手でほぐします。

④ 水切りした豆腐を手でほぐします。

⑤ 鶏もも肉の余分な脂身を取って一口大に切り、ごま油でさっと炒めます。

⑥ 鍋にだし汁、①、②、③を入れ、フタをして中火で10分ほど煮ます。2cm幅に切った小松菜と④、⑤を加え、さらに5分ほど煮ます。アクが出たら取り除きます。

⑦ 取り分け後、酒、しょうゆ、みりん、塩を入れて一煮立ちさせて器に盛り、小口切りにした長ねぎをあしらいます。

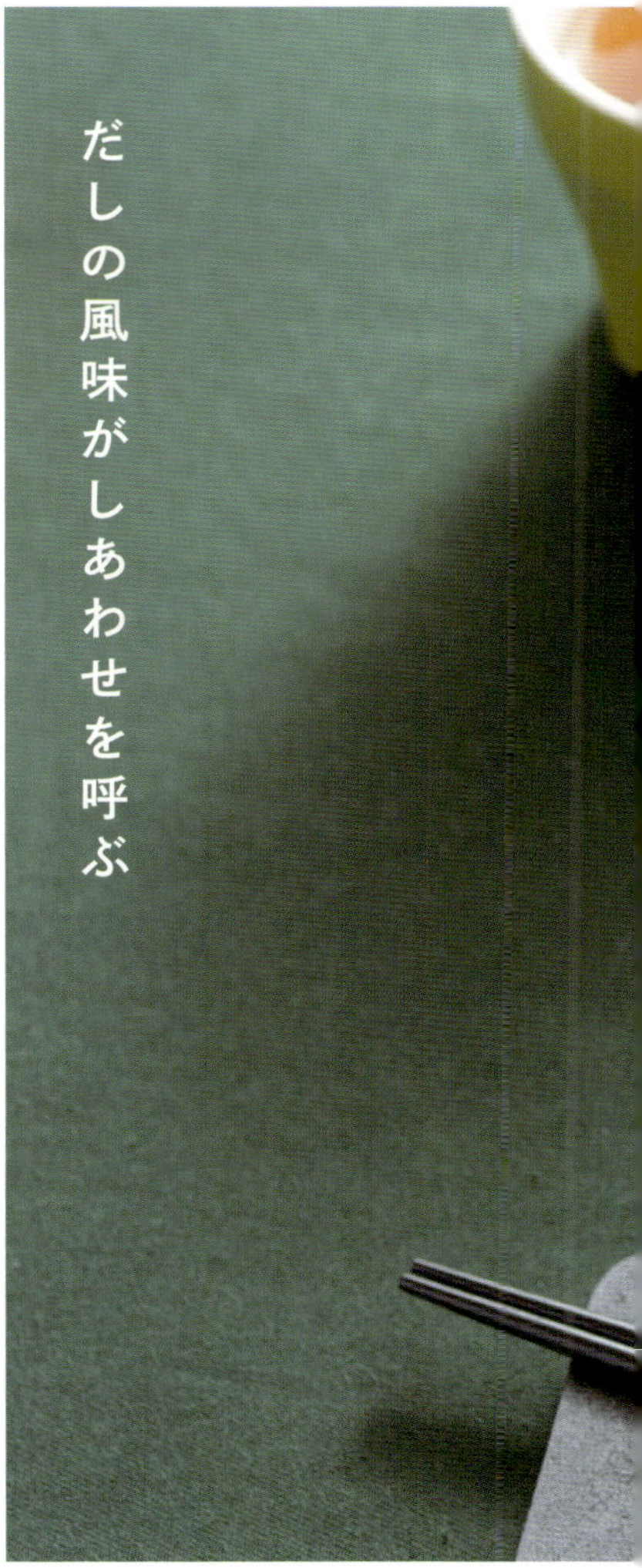

赤ちゃんごはん P.48
用に取り分け

煮たさつまいも80g
もめん豆腐20g

キッズごはん P.49
用に取り分け

具材
1と1/2カップ

Baby Food

おいものきんつば風

対象月齢
9カ月以降

材料 6個分

- 取り分けたさつまいも…80g
- 取り分けたもめん豆腐…20g
- 片栗粉…大さじ1/2(倍量の水で溶く)

作り方

① さつまいもと豆腐を合わせてマッシュし、3〜4cm幅の俵型に成形します。

② 片栗粉を水で溶き、①の表面全体につけます。

③ フライパンに油(分量外)を薄くひいて中火で熱し②を並べ、焼き色がつくまで焼きます。

Kids Food

梅入り香味ごはん

保存期間
冷凍で1週間

材料 4人分

- 取り分けたけんちん汁の具材…1と1/2カップ
- 米…2合
- 砂糖…小さじ1
- しょうゆ…大さじ1と1/2
- 酒…大さじ1
- 梅干し果肉(中粒)…15g(2粒)
- ごま油…大さじ2
- 小ねぎ…適量
- クコの実…あれば適量

作り方

① 具材を小さく切り、洗って水気を切った米と一緒に炊飯器に入れます。

② ①に砂糖、しょうゆ、酒、包丁でたたいた梅干しの果肉を入れ、2合の目盛りまで水を加えて炊飯します。

③ 炊き上がったらふんわり混ぜてごま油をまわしかけ、小ねぎとクコの実(ぬるま湯に10分ほど浸したもの)をのせます。

Memo!

抗菌作用のある梅づかいでお弁当にもぴったり♪ しょうゆを大さじ2にすれば大人ごはんにも。

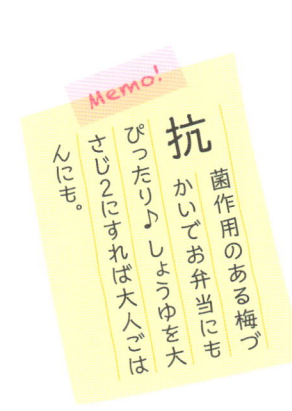

とりわけレシピ04

チリコンカン Set

大人ごはん

チリコンカン
クリームライス

キッズごはん

野菜とチーズの
ケーク・サレ P.53

赤ちゃんごはん

ごぼうの
濃厚ポタージュ P.52

チリコンカン クリームライス

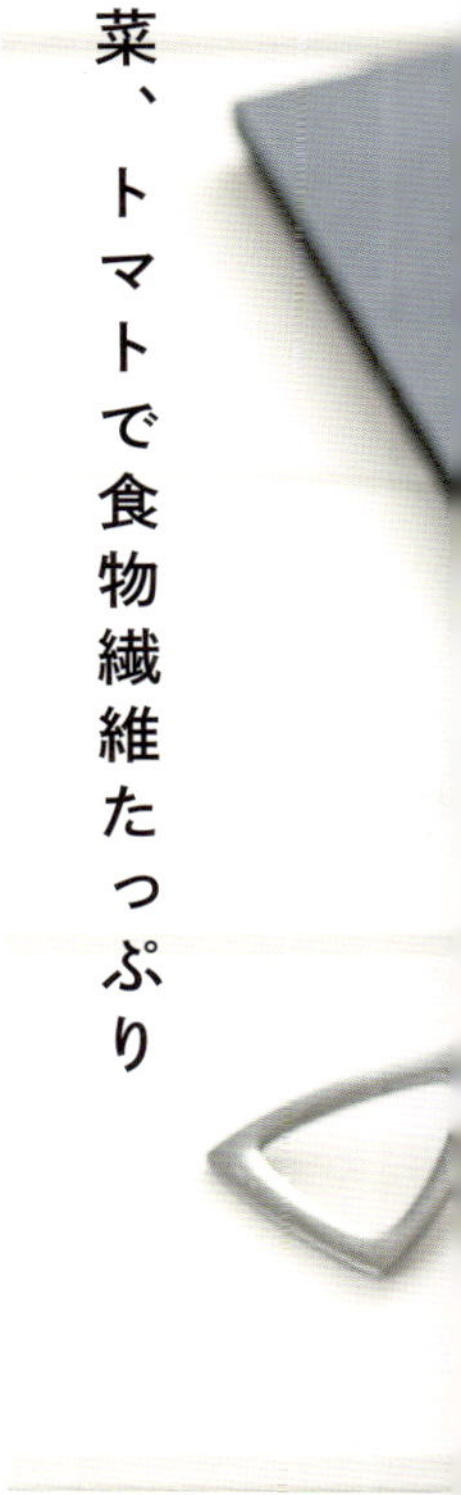

根菜、トマトで食物繊維たっぷり

材料 たっぷり2人分

- かぼちゃ…120g
- 玉ねぎ…1個(200g)
- ごぼう…1/2本(80g)
- しいたけ…4個(40g)
- 豚ひき肉…100g
- ウインナー…60g(3本)
- カットトマト缶…400g(1缶)
- 金時豆(水煮)…40g(ミックスビーンズやレッドキドニーなどでもよい)
- 生クリーム…大さじ3
- アボカド…1/2個

[A]
- コンソメ(顆粒)…大さじ1/2
- 砂糖…大さじ1
- 塩・こしょう…少々

- チリパウダー…大さじ1/2
- 炊いたごはん…2人分

作り方

① 1cm角に切ったかぼちゃと水1/4カップをフライパンに入れてフタをし、約5分ゆでて取り出し、水気を切ります。

キッズごはん P.53
用に取り分け
ゆでたかぼちゃ 60g

② ①のフライパンに油(分量外)をひき、みじん切りにした玉ねぎ、斜め薄切りにして水にさらしたごぼうを、しんなりするまで炒めます。

赤ちゃんごはん P.52
用に取り分け
炒めた玉ねぎ・ごぼう 計60g

③ 取り分け後、豚ひき肉、食べやすい大きさに切ったウインナー、薄切りにしたしいたけを加え、さらに炒めます。

④ ③に①、カットトマト缶、金時豆、Aを入れてひと煮立ちさせ、生クリームを加えて火を止めます。

⑤ 炊いたごはんを器に盛り、チリパウダーを加えた⑤をかけ、1cm角に切ったアボカドをのせます。好みでみじん切りにしたパセリ、細切りチーズ、マヨネーズをかけます。

Memo!
④はそのままキッズごはんにしてもgood!

ごぼうの濃厚ポタージュ

対象月齢 7カ月以降

保存期間 冷蔵で3日

材料 2回分

- だし汁…1/2カップ
- 取り分けた玉ねぎ、ごぼう…合わせて60g
- 豆乳…1/2カップ
- 金時豆(水煮)…10g
- 塩…ひとつまみ

作り方

① 小鍋にだし汁、玉ねぎ、ごぼうを入れ、フタをして中火で10分ほど煮ます。

② 火を止め、粗熱が取れたら、煮汁ごとフードプロセッサーにかけてなめらかにします。

③ 小鍋に②を戻し、塩と豆乳を加えて軽く温め、細かく刻んだ金時豆をあしらいます。

Memo!

豆は赤ちゃんが飲み込むのに慣れてから与えましょう。

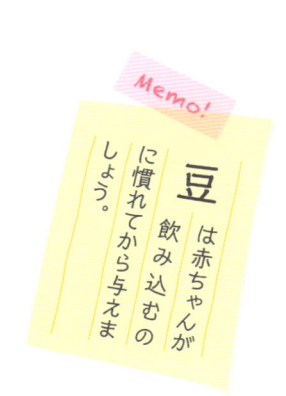

Kids Food

野菜とチーズのケーク・サレ

対象年齢 1歳以降

保存期間 冷凍で1週間

材料 パウンドケーキ型1本分

- 牛乳(または豆乳)…50cc
- 卵…2個
- 良質な油…70cc
- 小麦粉…100g
- ベーキングパウダー(アルミフリー)…4g
- カレー粉…小さじ1/4
- 塩…小さじ1/2
- クリームチーズ…40g
- ●取り分けたかぼちゃ…60g
- 金時豆(水煮)…50g
- パセリ(みじん切り)…大さじ1

作り方 ※オーブンを180度に予熱しておく

① 小さめのボウルに卵を割りほぐし、牛乳、油を入れて混ぜ合わせます。

② 大きめのボウルに小麦粉、ベーキングパウダー、カレー粉、塩を入れて混ぜ、①を少しずつ加えて混ぜます。

③ 1cm角のサイコロ状に切ったクリームチーズと、かぼちゃ、金時豆、パセリのそれぞれ2/3量を②に混ぜます。

④ ③をパウンドケーキ型に流し入れ、残りのかぼちゃ、金時豆、パセリを彩りよく飾り、180度に予熱しておいたオーブンで約35分焼きます。

Memo!

血行促進や食欲アップ
も期待できるカレー
粉を子どもごはんにも♪

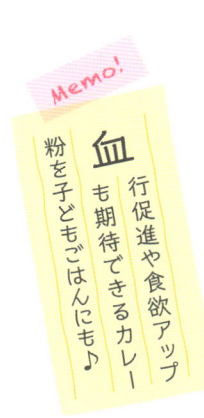

とりわけレシピ05

カルトッチョ風 Set

大人ごはん

ごちそう
カルトッチョ風

キッズごはん

キッズ
ブイヤベース P.57

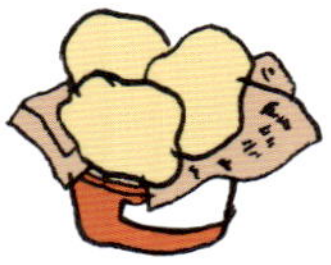

赤ちゃんごはん

たらの一口
ナゲット P.56

ごちそう
カルトッチョ風

Otona Food

究極の時短レシピ。うまみも逃さない！

材料 2人分

- マカロニ（またはパスタ）…20g
- 玉ねぎ…1/3個（60g）
- じゃがいも…1/2個（60g）
- まいたけ…1/2パック（40g）
- あさり…6粒
- たら…2切
- 細切り昆布…ひとつまみ
- 水菜…20g
- オレンジ半月切り…2枚
- ミニトマト…4個
- 細切りチーズ…20g
- 塩・こしょう…少々

【ソース】

- しょうゆ…大さじ1
- 酢…小さじ1
- みりん…小さじ2
- 柑橘の果汁…大さじ1

材料 キッズ用2人分

- マカロニ（またはパスタ）…10g
- 玉ねぎ…1/6個（30g）
- じゃがいも…1/2個（60g）
- まいたけ…20g
- あさり…3粒
- たら…2切
- 細切り昆布…ひとつまみ
- 水菜…10g
- オレンジ半月切り…1枚
- ミニトマト…2個

作り方

① 皮をむいたじゃがいもを5mmの薄切りにし、マカロニとともにかためにゆでます。

② ソースの材料をすべて混ぜ合わせます。

③ 大人用のカルトッチョを作ります。大きめに広げたアルミホイルの真ん中に油（分量外）をひいて①を敷き、スライスした玉ねぎ、手でほぐしたまいたけ、あさり、塩・こしょうしたたら1切、昆布、水菜、オレンジ、ミニトマト、チーズをのせ、②をかけてホイルを閉じます。これを2つ作ります。

④ キッズ用のカルトッチョを同様にセットします。（チーズとソースは加えずに）

⑤ フライパンに③④を並べてフタをし、15分中火にかけます。

赤ちゃんごはん P.56 用に取り分け
キッズ用のカルトッチョから たら30g、じゃがいも30g

キッズごはん P.57 用に取り分け
キッズ用の カルトッチョの残り

Baby Food

たらの一口ナゲット

対象月齢
9カ月
以降

材料 6個分

- 取り分けたたら…30g
- 取り分けたじゃがいも…30g
- 米粉（または小麦粉）…大さじ1
- ベーキングパウダー（アルミフリー）…小さじ1/2
- 豆乳…大さじ1
- 砂糖…小さじ1

作り方

① たらの骨と皮を取り、細かくほぐします。

② ボウルに①、マッシュしたじゃがいも、残りの材料を入れて混ぜ合わせます。

③ ②を3cm大に平たく成形し、テフロン加工のフライパンで両面を中火で焼きます。

キッズブイヤベース

材料 2人分

- 取り分けたカルトッチョ
- カットトマト缶…200g
- コンソメ（顆粒）…小さじ1
- 水…1カップ
- ケチャップ…大さじ1

作り方

① カルトッチョを小鍋に入れ、たらの小骨や皮を取りながら軽くほぐします。

② ①にすべての材料を加えてひと煮立ちさせます。

とりわけレシピ06

ラタソース Set

大人ごはん

ジューシーチキングリル
ラタソース添え

キッズごはん

厚切りベーコンと
ラタソースのパスタ P.61

赤ちゃんごはん

ふわふわ
豆腐焼き P.60

ジューシーチキングリル ラタソース添え

Otona Food

トマトを使ったラタトゥイユソースはママの強い味方

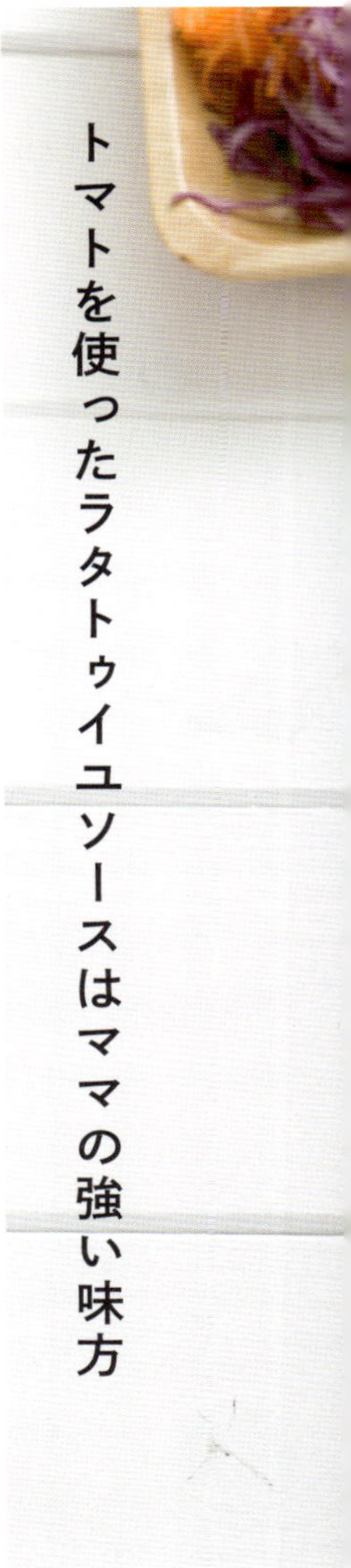

材料 作りやすい分量

【ラタソース】

- かぼちゃ…200g
- 玉ねぎ…1個(200g)
- なす…2本(200g)
- カットトマト缶…1缶(400g)

[A]
- にんにく…1/2かけ(5g)
- オリーブオイル…大さじ1

[B]
- コンソメ(顆粒)…大さじ2
- 砂糖…大さじ1
- 塩・こしょう…少々
- ケチャップ…大さじ2
- ウスターソース…大さじ1

【チキングリル】

- 鶏もも肉…2枚
- 塩・こしょう…適量
- 小麦粉…適量
- 酒…大さじ3
- とろけるチーズ…適量

作り方

① スライスしたにんにくを小皿に広げ、ラップをせずにレンジで1分加熱し、オリーブオイルに15分以上浸けます。

② かぼちゃ、玉ねぎ、皮を除いたなすを1cm角に切ります。なすは水に浸けてアクを抜きます。

③ ①の油だけを鍋に入れ、②の玉ねぎを中火で炒め、しんなりしたらかぼちゃとなすを加えます。野菜に半分くらい火が通ったらトマト缶を入れ、フタをして中火で約5分煮ます。

赤ちゃんごはん P.60 用に取り分け
味付け前のラタソースの具50g

④ ③にBをすべて入れ、味を調えます。

キッズごはん P.61 用に取り分け
出来上がったラタソース200g

⑤ 鶏もも肉の余分な脂身を取って、塩・こしょうをふり、表面に小麦粉をつけて油(分量外)をひいたフライパンで焼きます。焼き色がついたら裏返し、料理酒をかけてふたをして約7分焼きます。

⑥ 焼き上がったら食べやすい大きさにカットして器に盛り、ラタソース、チーズをのせ、電子レンジでチーズが溶けるまで加熱します。

Memo!

出来上がったラタソースに牛乳、生クリーム、塩・こしょうを加えれば、大人ごはんとキッズごはんに早変わり!

Baby Food

ふわふわ豆腐焼き

対象月齢
9カ月以降

保存期間
冷凍で7日
(焼いたもの)

材料 8枚分(直径4～5cm)

- 取り分けたラタソースの具…50g
- 絹ごし豆腐…30g
- 小麦粉…20g
- かつお節(細かくしたもの)…大さじ1

作り方

① 材料をすべて混ぜ合わせ、スプーンの背でつぶしながらひとまとめにします。

② テフロン加工のフライパンに並べ、中火で両面を焼きます。

厚切りベーコンと ラタソースのパスタ

材料 2人分

- 厚切りベーコン…50g
- 取り分けたラタソース…200g
- オリーブオイル…大さじ1
- 粉チーズ…適量
- パセリ（みじん切り）…適量
- パスタ…子ども2人分（約100g）

作り方

① フライパンにオリーブオイルをひいて1cm幅に切ったベーコンを炒め、ラタソースを加えます。

② ゆでたパスタを①に入れて、からめます。

③ 器に盛り、粉チーズとパセリをふります。

Memo!

とにかくカンタン。半熟目玉焼きをのせても。

SHOKUTAKU NO MAHOU

食卓の魔法 熊

KUMA's Note

店で開いている離乳食ランチ会でのこと。お客様からのさまざまな質問や悩みに一通りお答えした後に、「そうだ、皆さんはご飯を食べている間にどんな曲をかけていますか？」と尋ねると、ママたちは「え……？」というお顔。

実はうちでは、息子たちが新生児のころから食事の時間には音楽をかけ、私が食べている様子を目の前で見せてきました。

手伝いに来る母などは、「まだ食べられないのに、かわいそうじゃない」と言いますが、「ちがうの、食べているところ見せないと、食べ方が分からないから」と説明します。（母や義母に自分の子育てのことを理解してもらうことは本当に大事★）

音楽が好きな長男が3カ月になって一緒に食卓につくようになると、曲に合わせて手を動かし、私が食べているところを目を輝かせて見つめるようになりました。食欲旺盛な次男は、4カ月にもなるとも～よだれが止まらず（笑）、ぱくぱくと私の口の動きをまねするように。

column vol.02

Title

音楽と時計のマジック

もう一つお話ししたいのは「時間感覚」のこと。

離乳食なら、食事の時間は20 ～ 30分ぐらい。子どもが好きなキャラクターがついた時計を少し離れた場所に置き、「おとなの針がここにきたら、ごちそうさましようね～」と声をかけてから食べ始め、BGMをスタート。そして時間になったら曲を止めます。

すると、雰囲気が変わったことに気づき、「ごはんの時間は終わりなんだな」という顔をします。時間になったらごはんがなくなってしまうことに気づかせるため、食べている途中でも思い切って下げてしまいます。

その時に大事なのは笑顔♪　「にっこり優雅に」がポイントなのです。

chapter

03

困ったときの
お助けレシピ

Assist Recipe

なんだか調子が悪そう。
食欲もないみたい……。

otasuke-man
sanjo!
otasuke
man

赤ちゃんの体調が
すぐれない時に役立つ
お助けレシピは、
ママの不安を
解消してくれます。

ASSIST 01

食欲がない時

爽やかな風味でカラダも喜ぶ！

皮ごとリンゴのジュレ

材料 3個分

- リンゴ … 1/4個(65g)
- 水 … 1カップ
- アガー(粉寒天) … 小さじ1と1/2

Memo!

リンゴは体の余分な熱を取り除き、のどや口の渇きを癒やしてくれます。
甘酸っぱさには食欲を促す作用も。丸飲み防止に表面を崩してから与えて。

作り方

① よく洗ったリンゴを1/4に切って芯を取り除き、皮ごと小鍋にすりおろします。

② ①にアガーを加えて、よく混ぜます。

③ ②に水を加え、中火で軽く沸騰させます。アクが出たら取り除き、火を止めて粗熱を取ります。

④ 器に入れて、冷蔵庫で20〜25分冷やして固めます(急ぐ場合は冷凍庫で)。

対象月齢 離乳食開始時から

保存期間 冷蔵で3日

ASSIST 02

食欲がない時

ビタミンを上手に取って元気回復

対象月齢
離乳食開始時から

保存期間
冷蔵で2日

おいものポタージュ

Memo!
じゃがいもと玉ねぎは胃腸の調子をよくしてくれます。豆乳が嫌いな子も、トマトを加えることで食べやすく。1歳以上にはトマトは皮と種付きでOK。

材料 3〜4回分

- じゃがいも … 2個(200g)
- 玉ねぎ(すりおろし)… 20g
- だし汁 … 1カップ
- 豆乳 … 1カップ
- トマト … 1/2個

作り方

① 皮をむいたじゃがいもを厚めにスライスして水にさらし、水を切ります。

② ①とだし汁を小鍋に入れて、玉ねぎを直接すりおろして加え、中火で煮ます。

③ 材料が柔らかくなったら火を止めて、そのままマッシャーやスプーンの背でつぶします。

④ 豆乳を加え、軽く沸騰させます。

⑤ 器に盛り、細かく刻んだトマトの果肉(皮と種を外したもの)をのせ、粗熱を取ります。

ASSIST 03

せきがある時

やさしいのどごしでエネルギー補給！

大根あんの具だくさんうどん

材料 作りやすい分量

- ひじき（乾燥）… 小さじ1/2
- 大根 … 2cm（80g）
- 大根の葉 … 適量
- にんじん … 2cm（20g）
- だし汁 … 2カップ
- かつお節 … 少々
- 片栗粉 … 大さじ1（同量の水で溶く）
- ゆでうどん … 60g
- しょうゆ…小さじ1

Memo!

大根は肺を潤し、せきやたんを鎮めるのに効果的。つるりとのどを通るうどんでしっかりエネルギーも補給して。

作り方

① ひじきをぬるま湯で戻します。

② 小鍋にだし汁を入れ、大根をすりおろします。

③ ①、にんじん、大根の葉、うどんをみじん切りにして②に加え、火にかけて煮立ったらアクを取り、うどんが柔らかくなるまで中火で約5分煮込みます。

④ しょうゆを加え、水溶き片栗粉をまわし入れ、とろみをつけます。

⑤ 粗熱が取れたら器に盛り、かつお節をふりかけます。

対象月齢 9カ月以降

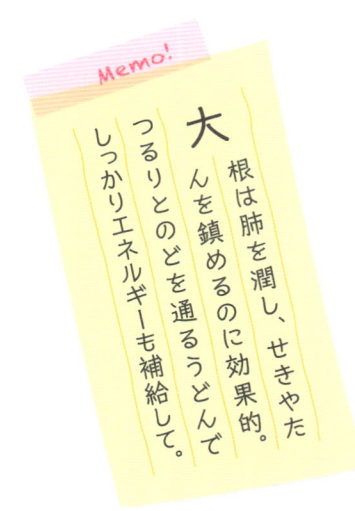

鼻水がでる時

赤ちゃん喜ぶかぼちゃの甘味

Memo!

カロテンを多く含むかぼちゃやにんじんが、鼻水で弱った鼻の粘膜に作用します。

かぼちゃの ほんのり甘いごはん

材料 4〜5回分

- 炊いたご飯…軽く1膳分（120ｇ）
- かぼちゃ…50ｇ
- にんじん…20ｇ
- ひじき（乾燥）…小さじ1
- だし汁…1/4カップ
- 豆乳…1/4カップ

だし汁と豆乳を半量にすれば、かわいいおにぎりにも

作り方

① ひじきをぬるま湯で戻し、細かく刻みます。

② かぼちゃは種と皮を取り、2〜3㎝大に刻みます。

③ 小さめのフライパンに①と②、水1/4カップを入れ、フタをして中火で5〜10分ほど煮ます。

④ 耐熱ボウルにごはんと③を煮汁ごと入れ、混ぜます。すりおろしたにんじんとだし汁、豆乳を加え混ぜ、ラップをして電子レンジで3分加熱します。

⑤ ラップをしたまましばらく置き、粗熱が取れたらスプーンやマッシャーなどでごはんの粒をつぶします。

⑥ 青のり、かつお節をかけます。

対象月齢
離乳食開始時から

保存期間
冷凍で7日

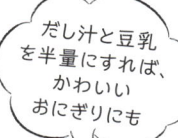

ASSIST 05

熱がある時

とろんと食べやすく、ほてりを取る

なすと豆腐の煮物

材料 作りやすい分量

- なす…1/2個(50g)
- 絹ごし豆腐…50g
- 高野豆腐(乾)…5g
- だし汁…1と1/2カップ
- みそ…3g
- 片栗粉…大さじ1(同量の水で溶く)

作り方

① 皮をむいたなすを1cm角に切り、水に浸けアクを除きます。

② 小鍋にだし汁、みそ、①とさいの目に切った絹ごし豆腐を入れ、高野豆腐を乾燥のまますりおろして加えます。アクが出たら取り、中火で5分煮ます。

③ 水溶き片栗粉をまわし入れ、とろみがついたら火を止めます。

④ 人肌に冷まして器に盛ります。ゆでて型抜きしたにんじんを添えても。

Memo!

なすや豆腐は、薬膳などではほてりを取る効果があるとされており、柔らかく舌ざわりもなめらかなので食べやすい食材です。

対象月齢 7カ月から

保存期間 冷蔵で3日

ASSIST 06

熱がある時

ママの思いやりをチャージ

トマじゃがサラダ

材料 作りやすい分量

- じゃがいも…1個（100g）
- ブロッコリー…1房（15g）
- トマト…1/4個（50g）
- みそ…小さじ1/3
- だし汁…1/2カップ

作り方

① 皮をむいたじゃがいもを1cm幅にスライスして水にさらし、水を切ります。

② 小鍋に①とだし汁、ブロッコリーのみじん切りを入れ、じゃがいもが柔らかくなるまで中火で煮ます。

③ 水分がほとんどなくなった状態で火を止め、じゃがいもをマッシャーでつぶし、みそを加えよく混ぜます。

④ 細かく切ったトマトの果肉（皮と種を外したもの）を③に和えます。

Memo!

ビタミンCが豊富なじゃがいも、ブロッコリー、トマトで栄養補給を。発熱からの回復期におすすめです。1歳からはトマトは種や皮付きでOK。離乳食初期には少量のだし汁でのばしてとろんとさせると食べやすい。

にんじんパンケーキにトッピングすれば子どもが喜ぶ♪

パンケーキの作り方

すりおろしたにんじん（5g）、豆乳（70g）、小麦粉（50g）、砂糖（3g）、ベーキングパウダー（2g）を混ぜ合わせ、フライパンで焼くだけ！

対象月齢 7カ月から

保存期間 冷蔵で3日

SHOKUTAKU NO MAHOU

食卓の魔法

熊

KUMA's Note

column vol.03

Title

「きょうねー ほいくえんでねー♪」

みなさんの食卓はどんな雰囲気ですか？

普段のテーブルにはどんなものがのっていますか？

実は私は掃除が一番の苦手。特に直らないのが、食卓に自分のメモやレシピや資料などをどーんとのせてしまうクセ。家に帰って来て、手近な紙類を「とりあえず」そこに重ねてしまうのです。

整理収納セミナーなどに参加しても、「あ〜、私にはムリ」とため息をついて、とぼとぼと帰宅……。

でも、ここ1年くらいで、ようやく変化の兆しが現れました。

「ママーおなかすいたー」と言いながら、食卓のイスに自分で座れるようになった長男にすぐにおやつを出せるように、テーブルの上はいつもキレイにしておきたいな……いやいや、するべきだわ！ と初めて決意したのです。そしてようやく、食卓に書類を置くクセが直りました！


「きょうねー、ほいくえんでねー♪」

ニコニコしておやつを頬張りながら報告する長男を見て、涙が出るほどうれしかった!! こんなことにずっと気づかずにいたなんて……。

キッチンは家族の健康を守る場所。そして、食卓は家族の絆を深めるところなのかもしれませんね。

ちょっとくらい掃除をサボっても全然平気だなんて思っていた私。でも、いつでも食卓に家族が集まり、おいしいもの片手に笑顔と会話が行き交うように、食卓だけはピカピカに死守します！

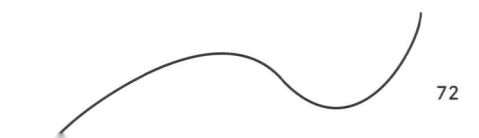

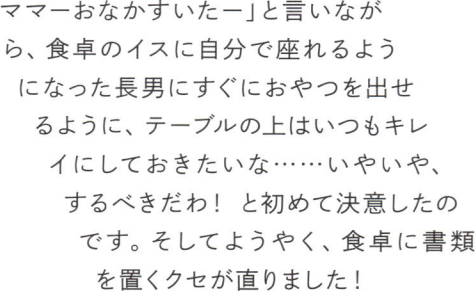

chapter

04

時間がない日の 特急レシピ

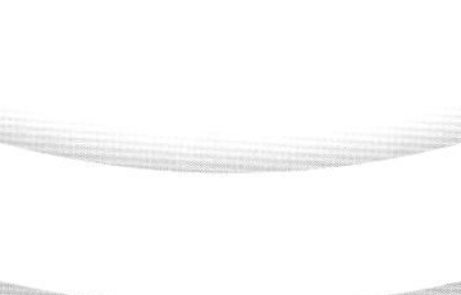

Express Recipe

お腹すいた？

忙しい時でも
これさえあれば
大丈夫。

魔法のように
すぐできる
スピードレシピです。

舌ざわりのよさで人気ナンバーワン!

トマトのジュレ

材料 3個分

- トマトジュース(無塩)… 1/2 カップ
- 水 … 1/2 カップ
- アガー(粉寒天)… 小さじ1

作り方

① アガーを小皿にとり、分量中の大さじ3の水で溶かします。 Point!

② 耐熱ボウルにトマトジュース、残りの水、①を加え混ぜ合わせます。

③ ②にラップをふんわりかけ、電子レンジで約2分、湯気が立つくらいまで加熱します。

④ おたまで容器に流し入れ、冷凍庫で10 ～ 15分冷やして固めます。 Point!

Point!

- アガーは少しずつ水を加えながら溶かすとダマになりにくい。
- トマトジュースの酸味が強い場合は、少量の砂糖を加えるとよい。
- 通常は冷蔵ですが、急ぐ場合は冷凍で。

対象月齢
離乳食開始時から

保存期間
冷蔵で3日

EXPRESS 02

かぶのとろみに、きゅうりの風味をプラス

かぶときゅうりのさわやか煮

材料 2回分

- かぶ … 1/2個(50g)
- だし汁 … 1カップ
- きゅうり(すりおろし) … 小さじ2

作り方

① かぶの皮を厚めにむき、5㎜～1㎝幅のくし形に切ります。
② 小さめのフライパンに①とだし汁を入れ、フタをして中火にかけます。 Point!
③ かぶが柔らかくなったら火を止めて、スプーンなどで軽くつぶします。
④ 薄く皮をむいたきゅうりをすりおろしながら③のフライパンに加え、中火でさっと煮ます。 Point!
⑤ 器に盛り、人肌に冷まします。

Point!
- きゅうりの皮は栄養価が高いのでなるべく残して。
- 丸めたアルミホイルで軽くこすってもよい。
- フライパンは熱伝導率が高いので、時短に役立ちます。

対象月齢
離乳食開始時から

保存期間
冷蔵で2日

白いごはんもパクパク食べられる！

豆腐のフワフワふりかけ

材料 作りやすい分量

- ひじき（乾燥）… 大さじ1/2
- もめん豆腐 …150g
- しらす … 10g
- 青のり、白いりごま … 各大さじ1/2
- 良質な油 … 大さじ1/2
- 塩…ひとつまみ

作り方

① ひじきをぬるま湯で戻し、細かく刻みます。

② フライパンに湯を沸かし、しらす、手で崩したもめん豆腐を加えて2分ほどゆで、ザルにあげて水気を切ります。

③ フライパンの水分を拭き取り、油と①、②を入れ、木べらで細かくつぶしながら中火で約10分炒めます。水分がほとんどなくなったら火を止めます。

④ 青のりと白いりごま、塩を加え、混ぜ合わせます。 Point!

Point!

- 1歳を過ぎたら、油をごま油にするとより風味がアップ！
- 大人用には青のりとしらすを増やし、山椒などを加えると◎。

対象月齢
9カ月以降

保存期間
冷蔵で3日

EXPRESS
04

パラパラした盛り付けがポイント！

にんじんとかぼちゃのしりしり

材料 作りやすい分量

- にんじん … 2cm(20g)
- かぼちゃ … 20g
- ごま油 … 小さじ1/2
- だし汁 … 大さじ2
- かつお節(細かくしたもの)… 大さじ1

作り方

① にんじんとかぼちゃをせん切りにします。 Point!

② フライパンにごま油と①、他の材料を入れ、中火でしんなりするまで炒めます。

Point!
- せん切りはピーラーやせん切り器を使うと簡単。
- パラパラ盛り付けると1本ずつ手でつまんで食べるので早食べ防止にも。

対象年齢
1歳以降

保存期間
冷蔵で
3日

豆腐でしっとり食感。納豆を食べやすく！

Babyのお好み納豆焼き

材料 8枚分（直径4～5cm）

- ひきわり納豆 … 1パック
- 小麦粉（または米粉）… 20g
- 片栗粉 … 大さじ2
- 絹ごし豆腐 … 50g
- キャベツ … 1/2枚（30g）
- しょうゆ … 小さじ1
- かつお節（細かくしたもの）… 大さじ1
- 青のり … 仕上げに好みで

作り方

① ボウルに納豆、小麦粉、片栗粉、しょうゆ、かつお節を入れ、混ぜます。 Point!

② みじん切りにしたキャベツと絹ごし豆腐を加え、大きめのスプーンなどでざっくり混ぜます。

③ テフロン加工のフライパンに並べ、中火で両面を焼きます。

Point! ●納豆が苦手な子には、納豆を一度熱湯でさっと湯がくとよい。

対象月齢
9カ月以降

保存期間
冷凍で7日
（焼いたもの）

EXPRESS 06

膨らむようすも楽しい！ 朝ごはんにも

もこもこふくらむ蒸しパン

材料 4個分（器の内径5cm）

- ブロッコリー…2房（30g）
- かぼちゃ…30g
- 油…小さじ1

[A]
- 小麦粉…100g
- 砂糖…小さじ1
- ベーキングパウダー（アルミフリー）…小さじ1
- 豆乳（または牛乳）…80cc

作り方

① ブロッコリーとかぼちゃを5mm角に刻みます。

② 耐熱ボウルに①と油、水大さじ2を入れ、ラップをして電子レンジで1分半加熱します。

③ ボウルにAの材料をすべて入れ、②を加えて混ぜ合わせます。

④ カップケーキ用の容器や紙型に7分目まで注ぎ、電子レンジで1分ほど加熱します。 Point!

⑤ もこもこ膨らみ、表面が乾いたら粗熱を取ります。

Point! ●ムラが出るので、電子レンジに入れるのは1度に2個程度に。

対象月齢
9カ月以降

保存期間
冷凍で7日（加熱したもの）

SHOKUTAKU NO MAHOU

食卓の魔法 熊 KUMA's Note

column vol.04

Title

一人でゆっくり眠りたい！

時間はだれにでも平等にあるもの。でもやっぱり、結婚したら、子どもができたら……。ステージが変わるごとに、女性にとっての「時間」はものすごく変わります。

子どもを産んだ後に私が一番予想していなかったのは睡眠時間のこと。「どうしてゆらゆらしても寝ないの？」と悩みはつのり、「助けて！」と夫に訴え、真冬の夜に抱っこひもをつけ、もこもこの服と長靴で近所をぐるぐる散歩しながら二人で寝かしつけ……。やっと寝たと思ったら、すぐに起きて泣き出すわが子。

「何もいらないから、一人でゆっくり眠りたい！」

…そればかり考えていました。

子どもが産まれたら、美容室に行けなくなるとか、オシャレなお店や買い物にも行けないだろうな、とは思っていましたが、ぜんぜん甘かったのでした。

「今いれたお茶が飲みたい」

「お風呂に入りたい」

「居間に置きっぱなしの洗濯ものを片付けたい」

「少しでいいからソファに座りたい」

…そんなちょっとした日常の欲求がかなわないというストレスの連続。そんな状態ですから、もちろんキッチンにゆっくり立つ時間もなければ、体力も残っていないんですよね。

レシピを考えている時の私の願い。

家族のごはんがパパッとできるからキッチンに立つ時間が短くなる。そうしたら……あれ!?

今日はソファに座って好きなテレビドラマを見られた★

お肌のお手入れがちゃんとできた★

そんなちょっとした日常の喜びが増えていく……。

ママたちが「自分に戻れる時間」が、どうか少しでも増えますように。

寝るママは育つ
ソファでのんびりタイム
なんでもないあの平凡な時間も今思えば宝物・・・・

chapter

05

知っておきたい おすすめ食材

赤ちゃんの時期に経験した味の記憶は人生の土台になります。味や食感の違いを舌に覚えさせ、丈夫な体をつくるのに役立つ栄養を上手に取るための知恵は、きっと毎日のごはん作りに役立つはずです。

たんぱく質

豆の力で体の土台を作る

内臓、筋肉、血液など、私たちの体の多くはたんぱく質と水分からできています。特に赤ちゃん時代は、体の土台を食で構築する段階なので、離乳食でたんぱく質をどう与えるかということが大事です。

離乳食時期で気を付けたいのは、「赤ちゃんの胃や腸は一生懸命『練習』している時期である」ということ。1歳までは、消化吸収に優れた植物性たんぱく質の豆や豆製品(豆腐、豆乳など)がおすすめです。

豆は年中手に入り、保存もききます。野菜や米を与えてみて、きちんと飲み込めているようなら、そこに豆乳をたらしてほどよいトロトロ感を出したり、豆腐を崩して混ぜ、ふわふわ、ぷるっとした赤ちゃん好みの食感にすることもできます。野菜をゆでてつぶしただけでは食べなかった赤ちゃんが、豆乳をプラスして簡単なスープにしただけで「完食しました!」という声もよく聞きます。

動物性たんぱく質の魚や肉、乳製品などは、9カ月から1歳までの間に少量を食べさせてみます。その後の様子も観察し、問題がなさそうなら、1歳を過ぎてから少しずつ割合を増やしていきましょう。

魚は、骨や皮を除いた白身魚から始めます。肉は、鶏ささみ肉や鶏ひき肉から。牛乳は低脂肪牛乳を少し水で薄め、加熱調理したものからスタートしましょう。米を炊く時に低脂肪牛乳を少し加えるのも手軽でおいしい。牛乳は、加熱調理をしても栄養価の損失が少ないのが特徴です。

Kokubu Hokkaido × Shinobu Kumagai

豆づくしの2種手まり

お出かけにも!

光黒豆はフライパンでから炒りすればすぐに炊飯でき、豆の歯ごたえと香ばしさが楽しめます。小豆は、白米だけでは不足がちなビタミンB1を補い、でんぷんの消化を助けます。子どもの成長にも産後のママの体にもうれしい豆を上手に取り入れましょう。

光黒豆と梅のおこわ

材料 約6個分

- うるち米・もち米(半量ずつ)…合わせて1合
- 光黒豆(乾)…30g
- 酒…大さじ1/2
- 塩…小さじ1/3
- 砂糖…ひとつまみ
- 梅干し果肉…15g
- しそ、白いりごま…適量

作り方

① フライパンに光黒豆を並べ、中火で10分ほどから炒りします。

② 洗って吸水させ水気を切った米と①の豆を炊飯器に入れます。酒と塩、たたいた梅干しの果肉の2/3を加え、1合の目盛りまで水を入れ炊飯します。

③ ②を6等分して1つずつラップで包み、くるくると手まりにします。砂糖を加えた残りのたたき梅、しそ、白いりごまをあしらいます。

さつまいもと小豆のミルクおこわ

材料 約6個分

- うるち米・もち米(半量ずつ)…合わせて1合
- 小豆(缶詰)…1/4カップ
- さつまいも…40g(1/6本)
- 塩…少々　しらす…8g　牛乳…50cc
- さやいんげん(ゆでたもの)…適量

作り方

① さつまいもは皮付きのまま1cm角に切って水に浸け、何度か水を替えてアクを抜きます。

② フライパンに①と水1/4カップを入れ、フタをして中火で約5分ゆでて、ザルに上げて水気を切ります。

③ 同じフライパンに油(分量外)をひき、②としらすをさっと炒め、塩を加えます。

④ 洗って吸水させ水気を切った米と③を炊飯器に入れます。小豆の缶詰と牛乳を加え、目盛りまで水を入れ炊飯します。

⑤ 6等分して1つずつラップで包んで手まりにし、さやいんげんを添えます。

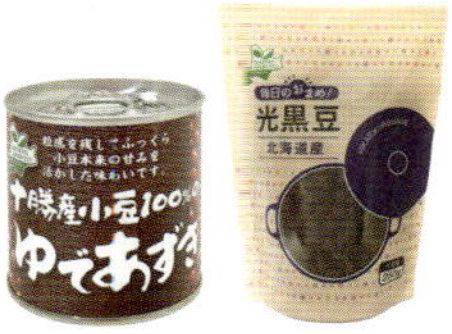

ここがおすすめ!

国分北海道(株)マーケティング部
沼澤文香さん

「生豆は保存が効き、まとめてゆでて冷凍すれば好きな時に気軽に使えます。生豆・ゆであずきともに北海道産にこだわった体にやさしい商品です。ぜひ様々な料理でお楽しみください!」

旬の地元野菜が元気のもとに

野菜にはビタミン、ミネラル、食物繊維が多く含まれます。組織で仕事をスムーズに進めるための「調整役」になる人がいるように、私たちの体にも、暑いときには汗を出して体温を下げ、ウイルスが鼻や口に侵入してくると、鼻水やくしゃみなどで体外へ排除するなどの働きがあります。そのおかげで風邪をひかなくてすんだりして、いつも元気でいられるというわけです。

そんな働きは、摂取したビタミンの作用によるものが大きいのです。特に赤ちゃんの時には、この調整役は働き始めたばかりですので、旬の野菜の力をママがしっかり与えましょう。

野菜には脂溶性ビタミンと水溶性ビタミンがあり、脂溶性は油と一緒に調理すると体内への吸収率が高くなります。水溶性ビタミンは水に溶けやすく、長く洗ったり、ゆですぎたりすると流れ出てしまいます。

できるだけビタミンの損失が少なくなるように、水で洗いすぎず、ゆでる場合は汁ごと使うか、ご飯に煮汁ごと入れて炊き込んだりスープにしたり。野菜たっぷり具だくさんの汁物は、それだけでごちそうです。

また、季節の野菜と私たちの体には深い関係があります。夏野菜は体内にたまった余分な熱を取り、水分を補ってくれる。秋の野菜は、夏に取りすぎた余分なものを排出するように働き、寒い冬に備えるためのエネルギーを蓄えてくれます。

冬野菜は体を芯から温め、

長い冬を乗り切る助けになります。そして春野菜は、苦みや若々しい味で、体をしゃっきりと目覚めさせてくれます。旬の食べ物は栄養価がもっとも高く、味もよく安価です。

　地域によって取れる野菜は違いますが、寒い北海道で取れる野菜は体を温める効果があるものが多いのが特徴です。一般的に体を冷やすとされる果物でも、リンゴなど、赤ちゃんが生活する土地で取れるものを中心に与えるのが理にかなっているのです。

無理に食べさせない

離乳食は、その日の湿度、温度、赤ちゃんの気分や体調などによって、全く食べなかったり驚くほど食べたり、本当にいろいろです。どうしても食べない時は無理に食べさせようとせず、ニッコリ笑顔で母乳(ミルク)や水分をあげ、赤ちゃんの前でママが大きな口をあけておいしそうに食べて見せることが一番です。

　1歳を過ぎて、上手に咀嚼できるようになったら、野菜を生でスティック状に切っておやつに与えてみたりして、いろいろな食感を体験させましょう。

　野菜が苦手という子どもには、ママが野菜を触わりながら、クイズ形式で「このお野菜は○○ちゃんのからだの、どこをつよくしてくれるかな?」とか「どんな味がするのかな」などと質問し、遊びの中に野菜を取り入れると良いでしょう。

　田んぼや畑に見学や手伝いに行くのも良い経験になります。「その日から野菜を食べるようになった」という声もよく聞きます。

てんさい糖を使ったとりわけレシピ

ホクレン

Hokuren × Shinobu Kumagai

香ばしい!

とろふわパンケーキ キャラメル林檎ソース

てんさい糖の甘みとコクがバターとマッチして、
リンゴの甘酸っぱさを上手にまとめてくれます。

材料 8枚分(直径約8cm)

- 絹ごし豆腐…150g
- 卵…1個
- 牛乳…150cc
- てんさい糖…20g
- 小麦粉…90g
- ベーキングパウダー…大さじ1/2

【ソース】

- リンゴ…1/2個
- バター(有塩)…15g
- てんさい糖…大さじ3
- ぬるま湯…100cc

作り方

① 絹ごし豆腐をボウルに入れ、泡立て器でなめらかにし、卵を入れさらに混ぜます。
② 牛乳を加え生地が滑らかになったら、てんさい糖、小麦粉、ベーキングパウダーを加えて混ぜ、フライパンで両面を焼いて取り出します。
③ 皮付きのまま5mm厚さのくし形に切ったリンゴをフライパンに並べてバターをのせ、中火にかけます。バターが溶けたらてんさい糖をふり入れて火を弱め、湯を少しずつ加えます。
④ 強めの中火で混ぜながら煮詰め、とろみがついたら火を止め②にかけます。好みでバニラアイス、生クリームなどを添えます。

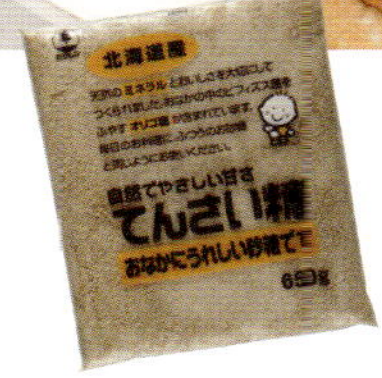

ここが おすすめ!

ホクレン農業協同組合連合会　砂糖類販売課
瘧師裕子(ぎゃくし　ゆうこ)さん

「てんさい糖の原料『てん菜』(ビート)は『砂糖大根』とも言われ、大根のような白い根に糖分が蓄えられます。天然のオリゴ糖を含んだ北海道生まれの砂糖が『てんさい糖』なのです」

良質な油が体の働きを整える

私たちのエネルギー源は、三大栄養素である炭水化物・たんぱく質・脂質です。この中では脂質の重要性が見過ごされがちですが、脂質は何億もの細胞の膜を作り、体の機能を整えるホルモンの材料になります。

特に脳は脂肪が多いので、摂取する脂質が脳細胞の成長に大きく影響を与えます。もちろん取り過ぎは禁物ですが、野菜や炭水化物、たんぱく質、食物繊維がそのものだけで消化されるより、油と一緒に取ることで消化吸収がスムーズになることもあります。

ノンオイルドレッシングをよくスーパーマーケットで見かけますが、本来は良質な油と少量の調味料を混ぜることで栄養の吸収率を高め、とてもおいしいドレッシングになるのです。

「良質な油ってどんなものですか？」とよくママたちに聞かれます。赤ちゃんにとっての良質とは「不飽和脂肪酸」を多く含むこと。青魚に含まれるDHAやEPAも良いのですが、赤ちゃんにはまだ食べさせることができません。ですから、植物油であるごま油、オリーブオイル、菜種油、米油、べにばな油などがまずはおすすめです。

ごま油はビタミンEを含み、脂質以外の栄養もプラスされるので、アレルギーの問題がなければ特におすすめです。

ごま油にはいろいろな種類がありますが、他の油をブレンドしている「ごま油風」のものもあるので、表示をよく確かめましょう。

栄養を消化吸収してくれる腸の状態は、体の健康につながります。ごま油は、腸にうるおいを与える効果も期待できます。

まずは「炒め煮」から

赤ちゃんの離乳食には、9カ月ごろから油を使っていいとされています。野菜をごく少量の油で炒めてから煮る「炒め煮」がおすすめです。油をそのままかけたり、揚げたりというのはまだ先です。ごぼうやさつまいもなど食物繊維がたっぷりの野菜は、そのままで与えるよりも、少量の油を加えたほうが消化吸収がスムーズです。

食物繊維には便秘予防の効果が期待できますが、その効果は良質な油と水分を組み合わせることで発揮されることを覚えておきましょう。

油は光や空気によって酸化してしまいます。いくら良い油を用意しても、フタが開けっ放しだったり、直射日光が当たる場所に置くのはNGです。保管にも気をつけましょう。

ごま油を使ったとりわけレシピ

本《マルホン》胡麻油

Takemoto Yushi × Shinobu Kumagai

豚バラと豆腐のコクうま煮

ごはんがすすむ！

香り高い良質な胡麻油が素材のうまみを引き立て、パパも大満足の一品。
ごはんを炊く時にごく少量のマルホン太白胡麻油を加えるとふっくらつやつやに。

材料 2人分

- 豚バラ肉…150g
- オイスターソース…大さじ1と1/2
- もめん豆腐…300g
- 酒…大さじ1
- 小松菜…2束
- みりん…大さじ1
- しょうが…5g（1/2かけ）
- 水…100cc
- 片栗粉…適量
- 太香胡麻油…大さじ2

作り方

① 水気を切った豆腐を1.5㎝幅に切り、ペーパーで水気をふき、片栗粉をさっとまぶします。

② フライパンに太香胡麻油を熱し、豆腐を両面に焼き色がつくまで焼いて取り出します。

③ 同じフライパンに、千切りにしたしょうがとオイスターソース、酒、みりん、水を入れ、3～4㎝幅に切った豚バラ肉と小松菜の茎を入れ、フタをして5分ほど中火で蒸し煮にします。

④ ②と小松菜の葉を入れ、中火でさっと煮て器に盛り付けます。

ここが おすすめ！

竹本油脂(株)
嶋﨑浩治さん

「マルホン胡麻油は薬品抽出をしない昔ながらの圧搾法で作られています。お子様への食事にに安全安心な油を」

味付けは赤ちゃんの舌に聞く

「離乳食の味付けにはどんな調味料を選べばいいですか?」。ママと赤ちゃんのための離乳食ランチ会で、毎回のように出る質問です。

赤ちゃんの舌は、一生のうちで一番敏感です。3歳までが味覚形成の時期なのです。

この時に、大人と同じような味付けをしたものを与えると、その後はもっと味の濃いもの、甘いものを体が求めてしまいます。

この時期にいちばん大事なのは、野菜そのものがもつ風味やお米の甘み、うまみなどを舌に覚えさせること。それで十分なのです。私たちが大人の舌で「薄味だなぁ、味がついていないみたい」と感じても、赤ちゃんは「しょっぱい」と感じる可能性が大いにあるのです。ママが「ちょっと濃いかな」と感じる料理は、赤ちゃんにとっては飛び上がるほどの刺激物ということになります。

はじめてのごはんは、素材そのものの風味だけで良いのです。ママが食べて、もう少し「うまみ」がほしいなという場合は、だし汁や豆乳でのばして風味をつけます。

野菜によって苦みや野菜臭さを強く感じる時には、ほんの少しのてんさい糖やしょうゆなどを加え、食べやすくしてあげましょう。

味付けのポイントは、とにかくママが細かく味見をし、確かめることです。ベビーフードや赤ちゃん用に作られた加工品を食べてみたことはありますか? 「無添加」と表記されていても、妙な香りがしたり甘すぎたりすることもあるのです。

食感が命

調味料の話からはそれますが、離乳食のポイントは「味付けよりも食感が命!」です。

赤ちゃんが苦手な食感はザラザラ、どろどろ、モソモソなので、そうした食感のものは、いくら風味が良くても全く食べないこともあります。

そこでおすすめなのが「アガー」です。食品の凝固剤といえば、ゼラチンが思い浮かびますが、ゼラチンの原料は牛や豚の骨や脂です。もちろん大人には問題ないのですが、子ども用には植物性の寒天がおすすめです。

アガーの主原料は海藻です。寒天にも、棒(角)寒天、粉寒天など色々ありますが、違いは原料となる海藻の種類です。アガーは絶妙な柔らかさなので、赤ちゃんの舌と上あごですりつぶすことができます。

食事中の口の中は温度がとても高くなっているので、夏場は特に、そのせいで食が進まなくなる子もいるようです。

離乳食の途中で、口をさっぱりとさせるために野菜ゼリーを少し与えると、大人のフルコース料理の間に出てくる「お口直しのシャーベット」のような役割(?)で、食欲が戻ることがあります。

子どもの大好きな食感は「ぷるぷる」「とろりん」。離乳食がどろどろ、ザラザラに仕上がってしまったときに、水分を足してアガーを入れ、軽く沸騰させて冷蔵庫で固めれば、人気の一品に変身するのです。

さらに、原料が海藻なので、離乳食期に多い便秘の悩みが軽くなる可能性があるのもうれしいことです。

対象年齢別・レシピ索引

食材別索引

野菜・海藻・果物

麺類

肉類・魚介類

豆　類

缶詰

あとがき

子育てに頑張るママの癒やしの場、ママが自分に戻れる「エネルギー補給の場」を作りたいというのが私の一つ目の夢でした。カフェができて、それはかなえることができたのですが、次の夢である「レシピ本の出版」はまだまだ先のこと、最終目標のような気持ちでいました。

そんな話をある日、本書のカメラマンの大橋泰之さんにしたところ、「お店に来てくれているママさんたち、いまクマちゃんのレシピ本があったら助かると思うけどね」と言ってくださいました。その言葉がすっと心に入り、熱い想いが湧き出しました。「家族のために毎日キッチンに立つママたちに、応援メッセージを伝えに行かなければ！」

本の出版が決まったのは、次男を出産した1週間後のこと。うれしくて、次男を抱っこしながら「女のうれし泣き」をしました。この本を3人目の子どもだと思って、大切に育てようと思いました。

本づくりにあたっては、今までのPop Spoon Cafeのレシピに加え、新作もたくさん考案しました。赤ちゃんの泣き声にあふれる店内が少し落ち着き、「さて集中して考えよう」と思った途端、息子たちが通う保育園から「熱が出たからお迎えに来てください～！」と呼び出しの電話（2人いるから交互に何かある！笑）。あわてて飛んでいき、途中だったレシピは完成せず……ということもありました。自宅では集中でき

ず、近所のカフェに駆け込み、ペーパーナプキンにレシピのイメージ図を描き、頭を整理しました。(この方法が一番よかった！笑)

本書を発行する切符を与えてくださった北海道新聞社出版センターの仮屋志郎さん、ポップで気分が上がるデザイン、粋な仕掛けをしてくれたデザイナーの井上正規さん、現場を明るく盛り上げながら素晴らしい写真を撮ってくれたカメラマンの大橋さん、ちょっと笑えるイラストも描いて本を彩ってくださったライターの悦永弘美さん、ウキウキと楽しそうに私のキャラクターに合うスタイリングをしてくれたスタイリストの黒田夏実さん、ステキに魔法をかけてくれたヘアメイクの工藤麻椰さん。店を支えながら、合間に試作を繰り返し手伝ってくれたPop Spoonのスタッフたち。時には息子たちの面倒を見ながら冷静に本音の意見をくれた試食担当の夫、本を楽しみに思いっきり応援サポートしてくれたテッテ(実母)、明るいパワーをくれ、栄養の差し入れをいつもしてくれた義理母に、心から感謝します。

「とりわけごはん」。この本を手にされたママが、「面白そう！ これならできるかも」とワクワク気分でキッチンに立ち、1品でも2品でも子どもと一緒にもぐもぐして笑ってくれたら、家族みんなで「おいしいね～！」と言い合ってくれたら、それが子どもにとって何よりの「楽しい食の記憶」になります。そして、食卓をいっちばん明るくて楽しい場にしてください。それができるのはママだけなのです♡

日々頑張るママたちへ、この本を通じて思い切りエールを送ります。

著者略歴

熊谷しのぶ（くまがい しのぶ）

旭川市出身。マタニティフードアドバイザー、栄養士。道内テレビ局で番組リサーチャー・フードコーディネーターを経験した後、ウエディングプランナーに転身。妊娠中の新婦の体と心の変化や食生活の悩みを聞くうちに、いのちを育む女性のための「食」を一生の仕事にしたいと決心し、社会人入学した大学で栄養士の免許を取得した。

2013年から18年まで札幌市西区で人気子連れ店「ポップスプーンカフェ」を運営。19年5月からは料理教室兼レンタルスペース「L'Atelier de Pop Spoon」（アトリエ・ドゥ・ポップスプーン）を拠点に道内各地、産婦人科などで離乳食ランチ会などを開催。子育てに頑張るママと食卓を全力で応援している。

札幌市在住、2児の母。

http://pop-spoon.com

編　集
仮屋志郎 / 北海道新聞社

編集協力・イラスト
悦永弘美 / 3596

撮　影
大橋泰之 / マカロニ

スタイリング
黒田夏実 / Kitchen Blanche

ヘアメイク
工藤麻椰

アートディレクション・デザイン
井上正規 / 井上デザイン組立室

アシスタント
池上仁美

スタッフ
浦裕紀子
川上友規子
斉藤　舞
内海由美子
宮崎星莉奈

Special Thanks
Yūna, Anna
Ōtarō, Ryō
Ririka-Chan
& mamas

赤ちゃんもママもうれしい
とりわけごはん

2017年12月14日　初版第1刷発行
2019年 5 月17日　初版第2刷発行
著　者　熊谷しのぶ
発行者　鶴井　亨
発行所　北海道新聞社
〒060-8711　札幌市中央区大通西3丁目6
出版センター（編集）電話011-210-5742
（営業）電話011-210-5744
印　刷　中西印刷株式会社
製　本　岳総合製本所

乱丁・落丁本は出版センター（営業）に
ご連絡くだされればお取り換えいたします。

ISBN978-4-89453-882-5